高等学校图书情报与档案管理系列教材

信息检索方法与技术
——理论与实验

史海燕　宛　玲　主编

科学出版社
北　京

内 容 简 介

本书系统讲述了信息检索的基本知识、主要方法、实现技术、系统评价和前沿进展。在对信息检索的概念、类型、基本原理等基本知识进行介绍的基础上，对信息检索的基本方法和各类文献信息资源的检索方法进行了系统讲述。之后，本书对信息检索的主要技术和系统评价进行了介绍。最后，介绍了信息检索的前沿进展。全书分 11 章，包括信息检索绪论、信息检索基本方法、图书信息检索、期刊论文信息检索、特种文献信息检索、信息检索模型、文本信息检索、Web 信息检索、多媒体信息检索、信息检索评价、信息检索的发展。每章在理论知识介绍的基础上，配套相应的实验。

本书兼顾信息检索的原理、方法、技术、评价与进展，理论与实验相结合，内容丰富，体系完整，视角新颖，可以作为高等院校信息管理与信息系统专业以及图书馆学、情报学、档案学、编辑出版、博物馆等相关专业的教材，也可以作为各类从事信息管理相关工作的机构、部门和专业工作者的参考书目。

图书在版编目(CIP)数据

信息检索方法与技术：理论与实验/史海燕，宛玲主编. —北京：科学出版社，2024.4
高等学校图书情报与档案管理系列教材
ISBN 978-7-03-071715-3

Ⅰ.①信… Ⅱ.①史… ②宛… Ⅲ.①信息检索技术 – 高等学校 – 教材
Ⅳ.① G254.91

中国版本图书馆 CIP 数据核字（2022）第 034859 号

责任编辑：方小丽 / 责任校对：张亚丹
责任印制：吴兆东 / 封面设计：蓝正设计

科 学 出 版 社 出版
北京东黄城根北街 16 号
邮政编码：100717
http://www.sciencep.com
涿州市殷润文化传播有限公司印刷
科学出版社发行　各地新华书店经销
*
2024 年 4 月第 一 版　开本：787 × 1096　1/16
2025 年 1 月第二次印刷　印张：11
字数：261 000
定价：48.00 元
（如有印装质量问题，我社负责调换）

前　言

党的二十大报告指出："我们要坚持教育优先发展、科技自立自强、人才引领驱动，加快建设教育强国、科技强国、人才强国，坚持为党育人、为国育才，全面提高人才自主培养质量，着力造就拔尖创新人才，聚天下英才而用之。"教材是教学内容的主要载体，是教学的重要依据、培养人才的重要保障。在优秀教材的编写道路上，我们一直在努力。

信息检索即信息存储与检索，是指将信息按一定的方式组织和存储起来，并根据用户的需要找出相关信息的过程。信息检索是信息创造者或生成者与信息用户之间的桥梁，是信息获取与利用的重要基础。信息检索有利于加速信息的交流，促进人类知识的传播，提高信息获取的效率。信息检索是情报学和信息管理学等学科领域的重要研究课题与核心子领域之一，也是现代信息社会重要的实践活动，是政府、企业、科研院所等各类组织机构信息资源管理活动的主要环节之一，也与每个人的日常信息活动密切相关。

信息检索的发展经历了手工检索、机械检索、计算机检索、网络检索等阶段，其表现形态和方法技术也在持续变化。手工检索阶段主要利用印刷型的检索工具，通过人工进行排检，这一阶段产生了一批经典的印刷型检索工具，形成了信息检索的基础理论体系。机械检索阶段是手工检索向计算机信息检索的过渡阶段，机械设备的引入提高了信息检索的效率。计算机的产生为信息检索领域带来了深刻的变革，信息检索在资源形态、系统结构、检索方法与实现技术等方面都发生了巨大的变化，而网络的应用与发展则进一步加剧了这种变化。

网络环境下，信息检索面临着诸多挑战，一方面，网络信息资源数量庞大，类型丰富，更新快速；另一方面，用户对于信息检索的查全率、查准率、响应时间等有了更高的要求。与此同时，自然语言处理、文本与数据挖掘、机器学习等信息处理技术在不断发展和完善，为信息检索领域提供了有力支持。信息检索在研究与实践中不断涌现各种新的课题，如分布式信息检索、多媒体信息检索、信息过滤、跨语言检索、问答系统等。

总的来看，信息检索已经形成了较为成熟的基础知识体系，同时新的技术与方法也在不断引入，推动信息检索不断向前发展。

目前，国内外与信息检索相关的教材较为丰富，这些教材大体分为两类：一类属于方法类教材，如主题为信息检索与利用的教材，主要介绍信息检索的工具、方法与技巧，旨在提高学生信息获取的基本能力；另一类则属于技术类教材，一般从系统的角度切入，介绍信息检索的原理、技术、评价等相关知识，主要面向特定专业学生，旨在提高学生的专业能力。本书主要面向信息管理与信息系统、图书馆学、情报学等专业教学的需要，学生未来既有可能成为信息服务人员，需要掌握信息获取与利用的能力，也有可能成为信息系统建设与维护人员，需要掌握信息检索系统建设和信息处理的能力。因此，本书在内容体系上兼容了信息检索的方法与技术，同时考虑到信息检索相关的实验教材较为缺乏，在每一章最后都设置了相关的实验，有利于深化学生对理论知识的理解，掌握基本的实践应用能力。

本书共 11 章，在逻辑上分为 3 部分。第一部分为信息检索的基础理论，主要介绍信息检索的概念、类型、基本原理、信息检索系统等，包括第 1 章；第二部分为信息检索方法，主要介绍图书、期刊论文、专利、标准、政府信息、会议信息、学位论文等各类信息资源的检索工具、检索系统与检索方法，包括第 2～5 章；第三部分为信息检索技术，主要介绍信息检索模型、文本信息检索、Web 信息检索、多媒体信息检索、信息检索评价以及信息检索的发展，包括第 6～11 章。

本书的编写思路和大纲由史海燕和宛玲提出。宛玲编写了第 1 章；董伟编写了第 2 章至第 5 章的初稿，史海燕进行了内容的调整；史海燕、刘琳共同编写了第 8 章和第 11 章；其余章节由史海燕编写完成。史海燕负责全部书稿的修订工作。

在本书的编写过程中，我们参考和借鉴了大量的文献资料，这些参考文献作者的前期工作为本书的完成奠定了基础，在此对本书所列主要参考文献的作者表示衷心的谢意。我们尽力列出所有参考过的文献，但难免有疏漏之处，对于未能列出的参考文献作者表示深深的歉意。

由于编者的学识、水平和能力有限，本书难免有疏漏之处，恳请各位专家、学者和广大读者不吝赐教、指正。

史海燕　宛　玲

2024 年 1 月于河北大学

目　录

第1章　信息检索绪论

1.1　信息检索的概念与类型

1.1.1　信息检索的概念

信息检索的概念最初由穆尔斯（Mooers）于 1949 年提出，我国最初翻译为"情报检索"。穆尔斯将信息检索定义为一种"延时性通信形式"，"在时间上从一个时刻通往一个较晚的时刻，而空间上可能还在同一地点"。随着技术的进步，信息检索的应用领域逐渐扩大，其内涵也在不断发展。

信息检索的全称为信息存储与检索，英文名称为 information storage and retrieval，简称 information retrieval。信息检索的概念有广义和狭义之分。

广义的信息检索是指将信息按一定的方式组织和存储起来，并根据用户的需要找出相关信息的过程。其中包括"存"与"取"两个环节，"存"即信息存储，是对信息进行收集、标引、描述及组织，并对其特征化表达加以整序，形成信息检索工具或检索系统的过程。"取"即信息查找，是通过某种查询机制从检索工具或检索系统中查找出用户所需的特定信息或获取其线索的过程。狭义的信息检索仅仅指信息查找的过程，即"取"这一环节。

1.1.2　信息检索的类型

根据不同的标准，信息检索可以划分为不同的类型。

1. 按检索对象的内容区分

按检索对象的内容区分，信息检索可分为文献检索、数据检索和事实检索。

（1）文献检索是以文献作为检索对象，查找含有用户所需信息内容的文献。文献检索具体可以分为书目检索和全文检索。书目检索的检索对象为原始文献的替代品，即文献线索，如文摘、书目等。全文检索的检索对象为原始文献本身，主要是对全文中的字、词、句、段等进行检索，结果为原始文献。文献检索是一种相关性检索而非确定性检索。

（2）数据检索是将经过选择、整理、鉴定的数值数据存入数据库中，根据需要查出可回答某一问题的数据的检索，如对生产指标、统计数据、物价、股票及理化性能常数等的检索。数据检索是一种确定性检索，即直接提供用户所需要的确切数据，而且检索结果一般也是确定性的。

（3）事实检索是存储关于某些客体（如机构、人物等）的指示性描述，或关于某一事件发生的时间、地点、经过等信息并将其查找出来的检索。例如，对于"克隆羊最早是谁研制成功的"这一问题的检索。这种检索既包含数值数据的检索、运算、推导，也包括事实、概念等的检索、比较、逻辑判断。一般先从系统中检索出所需信息，再加以逻辑推理才能给出结论。这样的事实检索已经超出传统信息检索的范畴，实质上是一种"问题求解"过程或专家系统技术。

2. 按检索方式区分

按检索方式区分，信息检索可以分为手工信息检索和机器信息检索。

（1）手工信息检索指以手工操作的方式，利用检索工具书进行信息检索。优点是直观、灵活，便于控制检索的准确性；缺点是查找较复杂，检索速度慢，工作量较大。

（2）机器信息检索主要指计算机信息检索，是通过机器对已数字化的信息，按照设计好的程序进行查找和输出的过程。按机器检索的处理方式分类，有脱机检索和联机检索；按存储方式分类，有光盘检索和网络检索等。机器检索不仅大大提高了检索效率和检索的全面性，而且拓展了信息检索领域，丰富了信息检索的研究内容。

3. 按检索的时间跨度区分

按检索的时间跨度区分，信息检索可以分为定题检索和回溯检索。

（1）定题检索指查找有关特定主题最新信息的检索，又称为 SDI（selective dissemination of information，定题服务），根据用户检索需求拟定检索提问进行检索，查找出特定主题的最新信息，分析整理检索结果并以一定的方式提供给用户。这种检索模式非常适合信息跟踪，便于及时了解有关主题领域的最新发展动态。

（2）回溯检索指查找一段时期内有关特定主题信息的检索，也称为追溯检索。可以查找过去某一段时间的特定主题信息。

4. 按检索对象的形式区分

按检索对象的形式区分，信息检索可以分为文本检索和多媒体检索。

（1）文本检索指查找特定信息的文本文献的检索，其结果是以文本形式反映特定信息的文献。

（2）多媒体检索是指根据用户的需求，对文字、声音、图像、图形等多种媒体信息进行组织、存储，从而识别、查找并获取所需信息的过程。多媒体检索与文本检索相比，其主要特点是：信息类型复杂，存储与检索技术复杂，具有交互性、同步性。

5. 按检索对象的信息组织方式区分

按检索对象的信息组织方式区分，信息检索可以分为全文检索、超文本检索和超媒体检索。

（1）全文检索。全文检索是将存储于数据库中的整本书、整篇文章中的任意内容查找出来的检索。它可以根据需要获得全文中有关章、节、段、句、词等的信息，也可进行各种统计和分析。

（2）超文本检索。超文本系统是将诸多文本信息通过超链接联系起来而形成的一种非线性的文本结构。从组织结构上来看，超文本的基本组成元素是节点和节点间的逻辑链接，每个节点中所存储的信息以及信息链被联系在一起，构成相互交叉的信息网络。与传统文本的线性顺序检索不同，超文本检索强调中心节点之间的语义联系结构，靠系统提供的复杂工具做图示穿行和节点展示，提供浏览式查询。传统的文本检索系统则强调文本节点的相对自主性。

（3）超媒体检索。超媒体检索是对超文本检索的补充。其存储对象超出了文本范畴，融入了静、动图像（形）以及声音等多种媒体信息。信息的存储结构从单维发展到多维，存储空间范围不断扩大。

6. 按检索途径的特点区分

按检索途径的特点区分，信息检索可以分为常用法、回溯法和循环法。

（1）常用法。常用法也称工具法，是检索中最为常用的方法，是指利用检索工具或系统中常设的检索入口（如主题、分类、著者、题名、号码等）查找文献信息的方法。其具体操作又可分为顺查、倒查、抽查等三种。

（2）回溯法。回溯法也称引文法，是以文献末尾所附的参考文献或引文为检索入口来获取信息资源的方法。

（3）循环法。循环法也称分段法，是综合常用法和回溯法的检索方法，即在查找文献信息时，既利用一般的检索途径，又利用原始文献后所附的参考引用文献作为检索入口，分阶段按周期地交替使用两种方法。

1.2　信息检索的基本原理

信息检索前提是信息存储有序化。无论是手工检索工具、机检系统，还是网络搜索工具都会根据自身系统特性，在一定范围内进行信息收集与选择，对收集的信息进行分析、选择、标引、描述及组织加工转换，形成系统信息库，以供用户检索使用。检索是存储的逆过程，用户在产生信息需求时，要根据自己的需求特点选择适当的检索系统，利用特定的检索途径，采取一定的检索策略从信息库中查找所需信息，一旦用户的提问检索式与系统信息库特定内容相匹配，命中的信息会形成初步检索结果。用户结合需求对初步检索到的内容进行相关性判断，如果判断信息符合需要，就下载或输出，进而获取信息；如果对检索结果不满意，可以修改或重构检索提问和检索式，继续检索，直到得到满意结果为止。

信息检索原理的实质就是提问特征标识与信息特征标识的比较和匹配，这种比较和匹配代表着信息需求与信息集合之间的比较和匹配。比较和匹配的结果，如果两者一致，则检索命中或检索成功；如果两者不一致，则检索未命中或检索未成功。具体如图1-1所示。

在信息存储阶段，首先需要进行信息资源搜集，可以通过购买、索取、交换、调查、爬取等多种方式进行。信息分析则是依据一定的原则与方法，对搜集到的信息进行检索特征的提取，即对信息的内、外特征进行细化、挖掘、加工整理等。信息表达则是对分析出的检索特征进行符号化的表示。为了使提问特征标识和信息特征标识可以进行比较和匹配，通常还需要依据一定的检索语言，将信息的表示进行某种转换，如将自然语言表达的

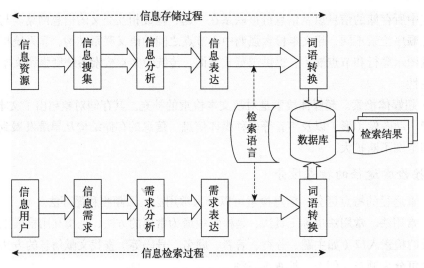

图 1-1　广义信息检索的基本原理

词语转换为受控词表中的词语。在狭义信息检索阶段，对用户的信息需求也需要进行分析、表达和词语转换。依据提问特征标识与信息特征标识的比较和匹配结果，信息检索系统输出检索结果。

1.3　信息检索系统的概念与类型

信息检索系统是根据一定社会需要，面向一定用户，为达到特定信息需求目的而建立的一种有序化的信息资源集合体。它是一个具有信息收集、整理、加工、存储和检索的设备与方法，能为用户提供信息服务的多功能开放系统。

按不同的划分标准，信息检索系统可以划分为多种不同类型。

按检索的功能划分，可以分为文献检索系统和事实数据检索系统。

按照检索的手段划分，可以分为手工检索系统和计算机检索系统，计算机检索系统又可细分为脱机检索系统、联机检索系统、光盘检索系统和网络检索系统。

本节主要介绍按信息存储的载体与检索使用的手段划分的信息检索系统类型及其特点。按信息处理手段即文献信息的存储和检索设备划分，信息检索系统可以分为手工检索系统、穿孔卡片检索系统、缩微胶片检索系统、光盘检索系统、计算机检索系统和网络检索系统。

（1）手工检索系统。其是一种以印刷型检索工具为主体的系统。检索者通过手工查询，自己做出相关性判断就可完成检索过程，获取所需信息。这种检索系统的特点是边查边反馈，检索过程很灵活，可以随时修改检索策略，检索结果较为准确。但这种系统检索速度慢，效率低且体积大，更新慢，查全率低。

（2）穿孔卡片检索系统。其是利用探针及其辅助设备，借助工具或机器对代表检索标识（分类号、主题词等）的穿孔卡片集合进行选取的系统。它是信息检索机械化的早期产物，其检索方式相比纯手工方式，在一定程度上提高了检索效率。但设备笨重，操作复杂，适用范围窄，很快被计算机检索系统所取代。

（3）缩微胶片检索系统。以缩微胶片和缩微平片作为存储载体，利用相应的光学或电子技术设备处理和检索信息的系统。这种检索系统需要借助相应的显示设备。

（4）光盘检索系统。光盘是 20 世纪 80 年代信息技术领域发展的一种新型信息存储载体，它与计算机的结合，为人们提供了一种崭新的检索环境。光盘与其他信息载体相比，存储量大、成本低、易保存、便携带、可套录，有限花费、无限检索，可作为联机检索、网络检索的有效补充手段。光盘检索系统特别适用于开展专题检索服务、定题检索服务。

（5）计算机检索系统。其是把信息及其检索标识转换成计算机可阅读的二进制编码，存储在磁性载体上，由计算机根据程序进行查找，并输出结果。根据检索者与计算机之间进行的不同通信方式，又可分为脱机检索系统和联机检索系统两大类。脱机检索系统是直接在单独的计算机上进行，不需要远程终端设备及通信网络。这种检索方式通常会把检索提问集中起来，定期成批上机查找，所以又称脱机批处理检索。联机检索系统指使用终端设备，按规定的指令输入检索词，借助通信网络，同计算机数据库系统进行问答式即时互动的检索系统。联机检索网络化克服了脱机检索所存在的时空障碍，检索者可随时调整检索策略，从而提高检索效果。

（6）网络检索系统。其是通过标准通信方式（TCP/IP 协议[①]）将世界各地计算机连接起来，形成一个基于客户端/服务器结构的网络分布式数据结构。互联网构成了人类历史上最大的信息资源和网络系统，为全球范围内快速传递信息提供了有效手段。

1.4　信息检索的研究范围与相关学科

1.4.1　信息检索的研究范围与对象

信息检索作为一门学科，有自己的研究范围和研究对象，也有自己的理论、方法与技术。信息检索的研究范围包括一切与信息存储检索有关的系统、过程、理论和方法。一切可供存储和检索利用的信息类型，如文献、数据、事实、知识、声音、图形等；各种信息检索系统及其运行过程，如信息采集、标引、组织、存储、处理、匹配、输出、传送等；各种过程中使用的方法，以及在信息检索实践和研究的基础上形成的各种理论与假设，均包括在这个范围内。

信息检索的研究对象通常可以展开为以下几个方面。

（1）信息检索理论研究。其主要包括标引理论、信息检索模型、知识表示理论、相关性理论等。标引理论是关于信息特征提取与表示的理论，标引可以分为手工标引和自动标引，自动标引可以分为自动抽词标引和自动赋词标引。信息检索模型是以数学方法刻画信息检索中的各个要素，是信息检索理论的核心内容之一。知识表示理论是智能化信息检索

---

① TCP/IP 表示 transmission control protocol/internet protocol，传输控制协议/互联网协议。

系统要解决的理论问题和技术问题。相关性理论是关于信息与查询相关性判定的匹配标准的理论，既用于信息检索系统的开发与设计，又用于信息检索系统的评价。

（2）信息检索方法研究。检索方法是指查找信息时所采用的具体方法，对于检索效果和检索效率有着重要的影响。经典的信息检索方法包括常规法、回溯法、综合法等；计算机检索系统中常用的方法包括布尔检索、截词检索、限制检索、位置检索等。

（3）信息检索技术研究。检索技术是实现信息检索有效性的手段和保障。信息检索技术对于信息检索领域的发展有重要影响，研究和开发新的检索技术是信息检索的重要研究课题。信息检索技术也比较丰富，包括文本检索技术、多媒体检索技术、Web检索技术、信息过滤、智能信息检索等。

（4）信息检索语言研究。信息检索语言是用户与系统交流、沟通的媒介，在很大程度上影响检索系统的效率。检索语言可以分为基于内容特征的语言和基于形式特征的语言，还可以分为受控语言和非受控语言，主题语言和分类语言等。

（5）信息检索系统研究。信息检索系统是信息检索的物质基础，是由信息资源、检索方法、检索技术和检索语言等组成的有机综合体，是现实的研究对象。人们主要研究信息检索系统的结构、功能、演变，信息检索系统的设计与开发、管理与维护、评价等。

（6）信息检索服务研究。信息检索的服务对象是用户，用户是信息检索系统存在的基础，用户、需求和服务一致是信息检索研究的重点对象之一。信息检索服务研究通常包括用户及其需求类型、用户认知、心理、行为等特征的调查与分析，信息服务方式及模式的开发，用户满意度评价等。

（7）信息检索评价研究。信息检索评价对于改进系统性能、优化新系统开发、提高用户满意度具有重要作用。信息检索评价研究一般包括检索性能评价、检索评价步骤与方法、信息检索评价指标体系等。

1.4.2　信息检索的相关学科

信息检索是一个较为典型的交叉研究领域，涉及多个学科的知识，这些学科为信息检索的发展提供了有用的知识、方法和工具。

（1）计算机科学。信息检索从一开始就和计算机建立了非常紧密的关系，其发展也一直伴随着计算机技术的发展与变化。现代信息检索的理论、方法与技术几乎都是借助于计算机技术的成果，因此，计算机技术是信息检索的核心技术，计算机科学是与信息检索关系最为密切的学科。

（2）数学。数学是信息检索研究的另一重要工具，主要贡献在检索理论方法，包括检索模型的建立、检索算法设计、检索系统评价等。

（3）系统科学。系统科学是一门具有广泛适用性和应用价值的科学，运用系统科学的观点和思想可以有效地认识与处理现实世界的各种问题。系统科学对于信息检索系统的设计与开发具有指导作用。

（4）语言学。信息检索要处理的信息大部分都是语言信息，处理的方式包括语言信息的输入、形式化表示、存储、检索、输出显示等一般性处理，也包括语言结构和意义的分析。语言学在信息检索中应用的典型代表是检索语言，如分类语言和主题语言。随着计算机技术的不断进步，检索语言越来越需要语言学的知识成果，如对于自然语言的理解与处理。

（5）认知科学。认知科学是研究人类思维规律和方法的科学。从人的角度来看，信息检索的任务是对信息生产者、信息处理者、系统设计者、信息检索者以及信息用户的认知结构进行统筹、协同和调整。从用户角度来看，可以把信息检索过程看成以自己已有的知识结构和认知能力为出发点，通过与信息检索系统的交互，解决自己的信息需求，改进自己的知识结构。从认知的角度来看，信息检索系统、信息检索过程、信息检索活动，不单纯是物理的和机械的，涉及信息检索中各类人员、交互、反馈和控制等，因此，需要借助于认知科学的思想和方法，全面准确认识和把握信息检索的本质与规律。

1.5 本 章 实 验

实验名称：信息检索系统的认识。

实验目的：结合实际的信息检索系统，加深对信息检索系统理论的认识和理解。

实验内容：

了解信息检索系统的基本功能和结构。上网浏览百度、中国知网（China National Knowledge Infrastructure，CNKI）、淘宝站内搜索等信息检索系统，结合理论课程，分析信息检索系统的基本功能和结构。

实验步骤：

（1）点击进入所选择的信息检索系统。

（2）浏览系统主页，初步了解系统的功能。

（3）在检索框中输入检索词，查看检索结果页面。

（4）点击"帮助"，深入了解系统功能和使用方法。

（5）浏览和使用个人感兴趣的模块。

第2章 信息检索基本方法

2.1 信息资源基本知识

信息资源是信息检索的对象，为了实现有效检索，需要掌握信息资源的基本知识。按照不同的标准可以将信息资源划分为不同的种类，下面分别介绍。

2.1.1 按所依附的载体划分的信息资源

信息资源按照其依附的载体可以分为体裁信息资源、实物信息资源、文献信息资源、网络信息资源等四种类型。

（1）体裁信息资源。体裁信息资源指以人体为载体并能为他人识别的信息资源。按其表述方式又可分为口语信息资源和体语信息资源。口语信息资源是人类以口头语言表述出来但没记录下来的信息资源，如谈话、授课、演讲、讨论、唱歌等。体语信息资源是以人的体态表述出来的信息资源，如表情、手势、姿态、舞蹈等。

（2）实物信息资源。实物信息资源是指以实物为载体的信息资源。依据实物的人工与天然特性又可将实物信息资源分为以自然物质为载体的天然实物信息资源（如矿石、河流、大气等）和以人工实物为载体的人工实物信息资源（如产品、样品、样机、模型、雕塑等）。

（3）文献信息资源。文献信息资源指以文字、图形、符号、声频、视频等方式记录在各种载体上的知识和信息资源，是人们目前利用得最多的信息资源。

（4）网络信息资源。网络信息资源是指以网络为纽带链接起来的信息资源和以网络为主要交流、传递、存储的手段与形式的信息资源。网络信息资源通过网络将原本相互独立、分布于世界各地的数据库、信息中心、文献中心等联结在一起，形成一个内容与结构全新的信息整体。互联网信息资源包罗万象，广泛分布在整个网络之中，没有统一的组织管理机构，也没有统一的目录。

2.1.2 按传递范围划分的信息资源

信息资源按其传递的范围，可以分为公开信息资源、半公开信息资源和非公开信息资源等三种。

（1）公开信息资源。公开信息资源又称共享信息资源或白色信息资源，指公开发行、流通和传递的信息资源，其蕴含的信息人人均可以使用。一般来说，公开信息资源的数量最大，而且能够作为信息商品进入流通领域。

（2）半公开信息资源。半公开信息资源又称灰色信息资源，指非公开发行、流通和传递，从常规途径难以获取的信息（内部信息）。这类信息出版量小，发行渠道复杂，流通传递范围有限，不易收集，如内部的刊物、技术报告、会议资料等。

（3）非公开信息资源。非公开信息资源又称黑色信息资源，指人们未破译或未被辨识的，也指处于保密状态的信息，如考古发现的古老文字、未解密的政府文件、内部档案、个人日记、私人信件等。

2.1.3　按加工程度划分的信息资源

按加工程度，信息资源可以分为一次信息资源、二次信息资源和三次信息资源。

（1）一次信息资源。一次信息资源是指未经过加工或粗略加工的原始信息资源，如各种著作、期刊文章、会议记录、研究报告、统计报表、专利等。其特点是比较零散，系统性不强，但包括所有的重要内容。

（2）二次信息资源。二次信息资源是指对大量一次信息资源进行加工、整理、标引、著录、浓缩，并予以有序化编排而形成的结果，主要指各种目录、题录、索引、文摘等。二次信息资源正是信息检索中所使用的工具或系统，它不仅收集、储存了大量的信息，而且具有信息报道和检索的功能。

（3）三次信息资源。三次信息资源是指通过二次信息资源提供的线索，对某范围内的一次信息资源进行分析、研究、加工而成的信息资源。它包括综述、述评、专题情报研究报告、百科全书、年鉴、指南、手册、词典等。

2.1.4　按媒介性质划分的信息资源

按媒介性质，信息资源可以分为刻写型文献、印刷型文献、缩微型文献、电子型文献和视听型文献等五种类型。

（1）刻写型文献。刻写型文献包括手稿、信件、原始档案、碑刻等。

（2）印刷型文献。印刷型文献是以纸张为存储介质，以印刷为记录手段，将信息固化在纸张上而产生的一种传统的文献形式。其优点是可以直接阅读，携带方便；其缺点是存储密度低，占用收藏空间大，难以长期保存。

（3）缩微型文献。缩微型文献是以感光材料为存储介质，以胶卷或平片为载体，以光学摄影技术为记录手段而生产出来的一种文献形式，包括缩微胶片、缩微平片、缩微胶卷、缩微卡片等。缩微文献的优点是体积小，存储密度高。随着激光和全息照相技术的应用，缩小倍率已经达到 1/22 500，一张全息胶片可以存储几万页文献，并且便于收藏、保存和传递。其主要缺点是必须借助缩微阅读机和其他辅助条件才可以阅读。

（4）电子型文献。电子型文献又称计算机可读文献，是以磁性材料为存储介质，以穿孔、打字或光学字符识别装置为记录手段，通过计算机对电子格式的信息进行存取和处理而产生的文献。它通过编码和程序设计使文献信息的文字与图像转换为数字语言和机器语言，从而输入计算机，存储在磁带、磁盘和磁鼓上，阅读时借助计算机将其转换为文字或图像，显示在终端屏幕上。它们不仅有很高的信息存储密度，还有很高的信息存取速度，并具有电子加工、出版和传递功能。缺点是需要特定的技术设备才能阅读。

（5）视听型文献。视听型文献是指通过声音、图像等多媒体手段储存信息的文献，主要包括唱片、录音带、幻灯片、电影片、电视片、录像带、录像盘、激光唱盘、激光电视录像盘、多媒体学习工具、程序化学习工具等。视听型文献的优点是存储密度高，内容直观真切，表现力强，易理解和接受，传播效果好。

2.1.5 按出版形式划分

按出版形式划分，信息资源可以分为图书、期刊、科技报告、会议文献、专利文献等类型。本书第 3 章至第 5 章，将介绍按出版形式划分的各类型信息资源的检索系统和检索方法。

1．图书

图书包括专著、教科书、各种科普读物及各专业参考工具书等。图书经过编著者精心选择、反复斟酌后写成，其内容系统、成熟、定型，信息经筛选，可靠性强。图书可以帮助人们比较全面系统地了解某一特定领域中的历史和现状，将人们正确地领入自己所不熟悉的领域，还可以作为一种经常性的查考工具。不过传统印刷业图书编辑出版周期较长，更新速度慢，包含的内容一般只是反映 3 年以前的研究水平。所以从信息检索的角度来看，图书一般不作为查新的主要检索对象。

2．期刊

1986 年，国际标准化组织给期刊下的定义是"一种以印刷形式或其他形式逐次刊行的，通常有数字或年月顺序编号的，并打算无限期地连续出版下去的出版物"（ISO 3297—1986）。广义的期刊则包括一切定期刊行或不定期刊行的连续性出版物，如杂志、报纸、年度报告、年鉴、丛书，以及学会的会议录、学报和纪要等。期刊在信息传递中的特点是内容专深、可靠、详尽、信息丰富，且数量大，品种多，出版周期短，能够及时反映有关领域的最新动态信息。因而期刊是人们获取一般基础理论研究知识和研究动态的重要信息源。

3．科技报告

科技报告是报道（记录）研究工作和开发调查工作的成果或进展情况的一种文献类型。科技报告基本上都是一次文献，许多最新的科研课题与尖端学科的资料往往首先反映在科技报告中。科技报告的特点是内容专深、详尽、完整、可靠，能够及时地反映研究进展信息。

4．会议文献

会议文献是指在学术会议上宣读或交流的论文和其他有关资料，分为会前文献和会后文献两种。会前文献包括会议预印本、会议论文摘要、会议议程和发言提要、会议近期通报或预告等。会后文献包括会议记录、会议专刊、技术报告等。

会议文献的特点是出版形式不固定，它包含了大量的一次文献；同一会议的文献论题集中，内容新颖、丰富、专深、学术性强，能反映某学科或某专业的当前状况，往往代表着一个学科或某个专业的最新成果，反映着国内外科学技术的最新发展水平和趋势。所以它是了解各国科技发展水平和动向的重要科技文献。

5. 专利文献

一切与专利制度有关的、在专利申请和授权各阶段产生的文献统称为专利文献，包括发明说明书、专利说明书、专利局公报、专利文摘、专利分类与检索工具书，申请专利时提交的各种文件（如请求书、权利要求书、有关证书等），与专利有关的法律文件和诉讼资料等。狭义的专利文献一般指专利局公布出版的各种发明说明书或专利说明书及其所派生的各种二次文献。

专利文献的特点是内容具体、可靠、详尽，具有新颖性、创造性和实用性，能够反映科学技术的最新水平。然而由于同一个发明，往往在多个国家申请并拥有专利权，从而就产生了大量的等同专利及其不同语种的专利文献。这种状况可以有效地促进专利信息的交流，增加不同语种的用户利用专利信息的机会，但同时因为大量重复，增加了用户信息识别和去掉重复的负担。

6. 标准文献

标准主要是对工农业产品和工程建设的质量、规格、参数及其检验方法等方面所做的技术规定，是从事生产和建设应当共同遵守的一种技术依据和规范。每一件技术标准都是独立、完整的技术资料。

标准文献的特点包括：它的制定、审批有一定的程序；适用范围非常明确专一；编排格式，叙述方法严谨划一，措辞准确；技术上具有较充分的可靠性和现实性；有一定的有效时间，需要随着技术发展而不断修订、补充或废除，新陈代谢比较频繁。

虽然标准一般不反映有关领域的最新消息，但它体现了具有一定法律约束力的技术规范。现在，我国已经与国际接轨，全面实施标准化生产，标准文献对于企业的技术、市场、产品具有极为重要的作用。

7. 政府出版物

政府出版物是各国政府部门及其所属机构所发表的文件。其特点是政策性、综合性和指导性较强。政府出版物是了解国家的科学技术政策、经济发展政策，以及把握科技、经济和社会发展动向的很有针对性的可靠信息来源。

8. 学位论文

学位论文是高等学校学生为获得某种学位而撰写的科学论文，有学士论文、硕士论文和博士论文等。学位论文质量参差不齐，所探讨的问题比较专深，有时在某些方面有独到的价值，对研究工作有一定的参考价值。

9. 产品样本

产品样本包括各种产品目录、产品说明书和产品资料等，是对产品的性能、结构、原理、用途、使用方法、技术规范及产品规格等进行描述或说明的文献。

其特点是图文并茂，形象直观，出版及时，更新迅速，反映的技术信息比较可靠，是了解产品及其生产技术工艺的重要信息来源。各国厂商为了掌握竞争对手的活动情况，加快新产品的试制和推销，加速产品的更新换代，提高本企业产品的市场竞争能力，都很重视产品样本的搜集和利用。

10. 技术档案

技术档案是指在生产建设中和科技部门的技术活动中形成的，涉及一定的工程对象的技术文件的总称。其内容包括任务书、协议书、技术经济指标和审批文件、研究计划、方案大纲、技术措施、调查材料、设计资料、试验和工艺记录等。它是生产建设和科研工作中积累经验、提高质量的重要依据，具有重要的信息价值。技术档案具有明显的保密性和内部控制使用的特点。

此外，科技文献还包括报纸、新闻稿件、科技译文、手稿、地图等。

2.1.6　互联网上的信息资源

目前，随着计算机和通信技术的不断发展，电子型文献在数量和种类上都不断增多，成为除印刷型文献以外的利用最多的另一种文献类型。

1. 电子出版物的类型

电子出版物内容丰富，类型众多，按照不同的标准，可以将电子型文献划分为不同的类型。

按出版物出版特点划分，主要有电子期刊、电子图书、电子报纸、电子名录、电子地图，以及各种联机信息库和光盘数据库产品等。

按媒体的信息结构组织形式划分，主要有以线性顺序组织知识单元的文本型出版物与以节点和链路组织知识单元的超文本出版物，以及将文本、图像、声音信息融为一体的多媒体出版物，综合超文本和多媒体技术特点产生的超媒体出版物等。

按其所含的信息内容划分，分为参考型电子出版物（其主要功能是实施书目控制）、源电子出版物（包括电子版期刊、电子版图书、全文型电子出版物等，其主要功用是及时提供新颖的源信息）。

按相应的印刷型出版物的可获得性划分，分为并行电子出版物（即与印刷版同时发行的电子出版物）和完全电子出版物（即只发行电子版而无相应的印刷版）。

按流通渠道划分，分为联机电子出版物（利用通信网络提供服务）和脱机电子出版物（利用传统的流通渠道发行）。

按媒体信息状态划分，分为文本电子出版物、图像电子出版物、声音电子出版物以及多媒体电子出版物。

2. 电子出版物的特点

与传统的印刷型文献相比，电子出版物的主要特点如下所示。

（1）出版周期短，不需要制版、印刷、装订，加工环节少，出版速度快。

（2）更新容易，可方便地利用电子手段来对其内容进行增、删、改。

（3）信息存储密度高，节省空间。

（4）易于检索，在其出版的初始环节就考虑了要具备检索功能。

（5）与通信技术联系在一起，便于远距离快速传输。

（6）易复制，可将数据复制到各类存储载体上，也可以打印成纸质文件。

（7）对环境污染少。

（8）读者对出版物的理解深度，除与其知识水平有关以外，还依赖于软件提供的功能。

（9）不直观，需要用户具备一定的硬件设备操作能力。

电子出版物的出现是社会信息化的一个里程碑，有着广阔的发展前景，但它的产生并不意味着对其他信息媒体的完全取代，各种媒体的产生和存在都有其特定的环境条件和需要，因此，将在相当长时间内共存，相互补充、渗透，发挥各自的优势和作用。

2.2　信息检索基本途径

检索途径主要是指信息检索的角度或渠道。文献信息的检索必须依赖于检索前已经掌握的线索，以及现有检索工具的情况，有针对性地选择合适的检索途径。通常可依据文献的特征，将信息检索途径分为内容特征检索途径和外部特征检索途径。

2.2.1　内容特征检索途径

内容特征检索途径依照所采用的检索语言不同分为以下几种。

（1）分类途径。其是指按文献的信息内容，利用分类检索语言，检索文献信息的途径。分类检索的实施需要使用各种分类目录或分类索引。其基本过程：首先，分析提问的主题概念，选择能够表达这些概念的分类类目（包括类名和类号）。其次，按照分类类目的类号或字顺，从分类目录或索引中进行查找，进而得到所需的文献信息。分类途径一般是以学科体系为中心排检文献的，较能体现学科的系统性，使同一学科有关文献集中在一起，使相邻学科的文献相对集中，所以能较好地满足族性检索的需要，查全率较高。

（2）主题途径。其是指按文献的信息内容，利用主题检索语言，检索文献信息的途径。主题检索的实施主要使用各种主题词索引，如标题词索引、关键词索引、叙词索引等。其基本过程：首先，分析提问的主题概念，选择能够表达这些概念的主题词。其次，按照主题词的字顺，从主题词索引中进行查找，进而得到所需的文献信息。

主题途径以词语作为检索标识，表达概念直接、准确、灵活，并可根据科学技术的发展随时增加新的检索标识，反映学科发展的新概念，具有动态性特征。所以，主题途径适合于检索主题概念复杂、专深的或较具体的文献资料，能较好地满足特性检索的需求。

（3）分类主题途径。分类主题途径是分类途径与主题途径的结合。它比分类途径更具体，无明显的学术层次。划分比主题途径更概括，但保留了主题途径按字排序以便准确查验的特点。

2.2.2　外部特征检索途径

文献的外部特征是指文献载体在外表上标记的可见特征，如责任者、题名、序号、引文等。按照所采用的外部特征不同，分为多种具体的检索途径。

（1）责任者途径。其指按照已知的文献责任者的名称检索文献信息的途径。文献的责任者包括个人责任者、团体责任者、编者、专利权人等。利用责任者途径检索文献，需要利用各种著者索引、团体著者索引、机构索引、专利权人索引等。这种索引按责任者姓名或名称字顺编排，使用方便，是一种通用索引。

责任者途径的特点：由于研究人员的研究方向相对稳定，同一著者名称下往往集中了学科内容相近或有内在联系的文献，所以这种途径在一定程度上可以满足族性检索的要求，但不能获得某一课题的全面的资料。通过著者线索，可以系统地发现和掌握他们研究的进展，可以查找某一著者的最新论著。

（2）题名途径。其指按照已知的文献题名，检索文献信息的途径。文献题名主要是指书名、篇名、刊名等。题名检索的实施需要利用各种题名目录或索引。这种索引款目按标识字顺排列，利用它可以检索出一篇特指的文献，还可以集中一种著作的全部版本、译本等。题名途径一般较多用于查找图书、期刊、单篇文献。

（3）序号途径。有些文献具有独特的编序号码或标识号码，如专利、报告、标准等文献类型。这类文献的序号，也可作为检索文献信息的途径，如专利号索引、报告号索引、标准号索引等。在已知文献特定序号的前提下，利用序号途径检索文献非常简便、快速，但局限性很大。

（4）引文途径。引文途径比较特殊，本书将其归入外部特征检索途径。引文即被引文献，也就是参考文献。使用引文语言进行信息检索可以采用两种操作方法：一是利用引文检索工具或检索系统，如美国《科学引文索引》（*Science Citation Index*，SCI）等，从被引用文献入手，查找引用文献；二是从引用文献即来源文献入手，直接利用文献结尾所附的参考文献，查找被引用文献。

综上所述，分类途径和主题途径是文献检索的常用途径。前者以学科体系为基础，按分类编排，学科系统性好，适合于族性检索；后者直接用文字表达主题，概念准确、灵活，直接性较好，适合于特征检索。责任者途径、题名途径、序号途径等外部特征途径最大优点是排列与检索方法以字顺或数字为准，比较机械、单纯，不易错检或漏检。因而适用于查找已知篇名、作者姓名或序号的文献，可直接判断该文献的有无。

2.3　信息检索基本技术

2.3.1　布尔检索

布尔检索就是采用布尔代数中的逻辑与、逻辑或、逻辑非等运算符，将检索提问转换成逻辑表达式。计算机根据逻辑表达式查找符合限定条件的文献。布尔检索是信息检索系统中最常使用的一种方法，很多检索系统都使用了这种检索技术。

布尔逻辑算符用来表示两个检索词之间的逻辑关系，用以形成一个概念。常用的布尔逻辑算符有三种，分别是逻辑与（and 或*）、逻辑或（or 或+）、逻辑非（not 或–）。

布尔逻辑算符使用注意事项如下。

（1）在使用逻辑算符时，可用括号"( )"改变执行顺序。

（2）逻辑式中有多个逻辑算符时，不同系统对 and、or、not 的运算次序有不同的规定。在有括号的情况下，括号内的逻辑运算先执行。

（3）慎重使用逻辑非，以免排除有用文献，造成漏检。

布尔检索作为一种主要检索方式，它的特点如下。

（1）形式简洁，结构化强，语义表达力好。

（2）布尔运算关系有利于准确表达检索概念之间的逻辑关系。

（3）布尔运算易于计算机实现。

但是布尔检索也存在局限性，表现如下。

（1）它不承认文献内容所涉及的多个概念的相对重要性，即没有规定每个检索词的权重，一个概念要么与文献内容完全相关，要么完全不相关，这常与实际情况相左。

（2）它把各个概念看成是相互独立的，忽略了概念间的相互关系。它把概念与文献的关系简单化，忽略了概念与文献内容形式和结构的关系。

（3）它不能妥善区别和处理检索式中较多的概念标引的文献和用检索式中较少的概念标引的文献。

（4）它不能对检索结果按与检索要求相关的程度排序输出，因而结果输出量较难控制。

（5）它过分依赖检索语言的文字化、规范化，且往往要求较复杂的表达式。

2.3.2　截词检索

截词是指检索者将检索词在他认为合适的地方截断；而截词检索是用截断的词的一个局部进行的检索，并认为凡满足这个词局部中的所有字符的文献，都为命中的文献。主要用于西文中词干相同的派生词的检索，可大大提高查全率和检索效益。

截词的方式有多种。按截断的位置来分，截词可分为后截断、前截断、中截断三种类型；按截断的字符数量来分，可分为有限截断和无限截断两种类型。有限截断是指需要说明具体截去字符的数量，而无限截断是指不需要说明具体截去多少个字符。截词符号在各信息检索系统中表示不一，但功能相同。通常用"*"表示无限截断，用"?"表示有限截断。

1. 后截断

后截断是最常用的截词检索技术。将截词符号放置在一个字符串右方，表示其右的有限或无限个字符不影响该字符串的检索。

例如，输入"computer*"，则词典中存储的前 8 个字符为 computer 的所有词均满足条件，因而能检出含有 computers、computering、computerigation、computered 等词的文献。而输入"computer??"，可以检索出含有 computer、computers、computered 的文献。可见，截词检索具有隐含的 or 运算的性质。

后截断主要用于以下几种情况。

（1）词的单复数，如 bag?，box??。

（2）年代，如 199?（20 世纪 90 年代），19??（20 世纪）。

（3）作者，如 Lancaster*，可以检索出所有姓 Lancaster 的作者。

（4）同根词，如用 politic*，可以检索出 political、politically、politician 等同根词。

2. 前截断

前截断是将截词符号放置在一个字符串左方，以表示其左方有有限或无限个字符。从检索性质上来讲，前截断是后方一致检索。在检索复合词较多的文献时，使用前截断比较多见。例如，输入"*magnetic"，可以检索出 magnetic（有磁性的）、electro-magnetic（电磁的）、paramagnetic（顺磁的）、thermo-magnetic（热磁的）等词汇。

3. 中截断

中截断是把截断符号放置在一个检索词的中间。一般地，中截断仅允许有限截断。中截断主要解决一些英文单词拼写不同，单复数形式不同的词的输入。在可能变化的字母处加截词符"?"，即可简化输入，提高查全率。

总之，检索系统提供的不同类型的截词检索方法，能够提高查全率，扩大检索范围，减少检索词的输入量，简化检索步骤，从而节省检索时间，降低检索费用。

2.3.3 限制检索

限制检索是在检索系统中缩小或约束检索结果的一种方法。限制检索的方式很多，包括字段检索、二次检索等。

字段检索是限定检索词在数据库记录中出现的字段范围的一种检索方法。不同的信息检索系统中，字段的表示方式和字段检索的运算符号是不同的。例如，在联机检索系统 DIALOG 中，数据库提供的可供检索的字段通常分为基本索引字段和辅助索引字段两大类。基本索引字段表示文献内容特征，如题名、叙词、文摘等；辅助索引字段表示文献外部特征，如作者、文献类型、语种、出版年代等。每个字段有一个字段代码，字段代码通常用两个大写字母表示。具体如下。

基本索引字段：TI（篇名、题目）　　　　AB（摘要）

DE（主题词、叙词）　　　ID（自由标引词）

辅助索引字段：AU（作者）　　　　　　CS（作者单位）

JN（刊物名称）　　　　　PY（出版年份）

LA（语言）

二次检索如很多检索系统中提供的"在结果中检索"，可以对检索结果进一步限制，提高查准率。

2.3.4　位置检索

位置检索是以原始记录中的检索词与检索词间特定位置关系为对象进行运算，寻找符合要求的结果。

通常位置检索运算级别包括以下几种。

（1）词位置检索，要求检索词之间的相互位置满足某些条件。

（2）子字段或自然句级检索，要求检索词出现在同一子字段或同一自然句中。

（3）字段级检索，要求检索词出现在同一字段中。

（4）记录级检索，要求检索词出现在同一记录中。

词位置检索常用的位置算符有（W）、（nW）、（N）、（nN）。W 算符是"Word"或"With"的缩写，它表示在此算符两侧的检索词必须按输入时的前后顺序排列，而且所连接的词之间除了可以有一个空格，或一个标点符号，或一个连接号外不能夹有任何其他单词或字母，且词序不能颠倒。该算符的作用与词组等价，如"物理（W）化学"，检索出来的只会是"物理化学"，"化学物理"就不会检索出来。（nW）表示输入的两个检索词之间可以插入 n 个单词。比如，"library（2W）school"，"library science school""library and information school"均会检索出来。N 算符比 W 算符要求松，表示前后次序可以颠倒。

同句检索是指要求参加检索运算的两个词之间必须在同一个自然句中出现，其先后顺序不受限制。所用算符为（S），是 sentence 的缩写。

同字段检索是指参加检索运算的若干词必须在同一个字段中，所用算符有（F）和（L）两种。F 算符是 field 的缩写，表示在此算符两侧的检索词必须同时出现在数据库记录的同一个字段中，词序可变。字段类型可用后缀符限定。L 算符是 link 的缩写，它要求检索词均出现在叙词字段中，并且具有词表规定的等级关系。因此，此算符只适用于有正式词表，且词表中的词具有从属关系的数据库（或文档）。

本节主要介绍信息检索的基本方法。需要注意，在不同的信息检索系统中，所能支持的信息检索方法是有差异的，每一种方法所采用的运算符也不尽相同。在具体实施检索时，应对检索系统进行熟悉和了解。

2.4   信息检索基本步骤

信息检索通常按以下五个步骤进行。

2.4.1   分析检索课题和明确检索要求

分析检索课题是实施检索中最重要的一步，也是影响检索效果的关键因素。课题分析是一项较为专深的逻辑推理过程，既需要有与课题相关的专业知识，又需要熟练掌握检索工具的特点，还必须具备一定的综合能力。在课题分析中，要明确以下几个问题。

（1）找出课题所涉及的主要内容和相关内容，从而形成主要概念和次要概念。

（2）尽可能多地列出表达检索概念的自然语言词语的同义词和近义词。

（3）多了解与检索有关的背景情况，如该主题内容在学科中的发展状况等。

（4）明确课题需要的文献类型、语种、出版年代等方面的要求。

（5）了解课题对查全、查准、查新方面有无具体要求。

2.4.2   选择检索工具或检索系统

明确了课题的检索范围和要求后，就要据此来选择检索工具或检索系统。首先，根据检索要求，以及检索工具或系统的收录范围，报道内容及倾向等，初步选择一些符合要求的检索工具或系统。其次，再根据这些检索工具或系统的质量、性能以及检索人员以往使用的经验、熟悉程度等，选定一个或几个合适的检索工具或系统。

2.4.3   确定检索途径和检索方法

检索途径是开始查找的入口点。常用的有分类检索途径、主题检索途径、著者检索途径、题名检索途径等。采取哪种检索途径，要从课题检索要求出发。如果课题检索要求泛指性强，所得文献范围较广，则最好选择分类途径；如果课题检索要求专指性强，所需文献比较专深，则最好选择主题途径；如果事先知道文献著者、题名、分子式等条件，则可利用著者途径、题名途径、分子式途径等进行检索。

同时根据用户检索的目的，期望的文献数量以及有关主题在学科中的发展状况，选用适当合理的检索方法。

2.4.4   查找和阅读文献线索

根据确定的检索途径，查找某种索引或把检索式输入检索系统中自动进行查找，得到原始文献的目录、题录或摘要等文献线索。应仔细阅读各条线索，了解有关文献的内容，并以此决定对原始文献的取舍。

2.4.5　索取原始文献

利用检索工具或系统，确定所需原文的详细出处，通过各种馆藏目录、联合目录等查找所需文献的收藏单位，联系借阅或复制；或者在全文检索系统中直接得到原文，或者利用文献传递服务从其他信息资源收藏单位获取，或者向文献所有单位购买。

在实际检索时，要想取得检索的成功，获得满意的信息资源，除按照上述五个基本步骤进行外，还需要在检索过程中不断核准或校正，检索是一个反复的过程。

2.5　本　章　实　验

实验名称：文本信息检索技术调查。

实验目的：了解文本信息检索技术在实际信息检索系统的应用情况，理解各种文本信息检索技术对改进信息检索效果的作用。

实验内容：

选取三个以上的信息检索系统（不同类型），对其支持的信息检索技术（如布尔检索、截词检索、限制检索、位置检索等）进行分析比较，包括所支持的检索技术、具体使用方法等。

实验步骤：

（1）点击进入所选择的信息检索系统。

（2）查找系统帮助信息或用户手册。

（3）了解系统所支持的检索技术和使用方法。

（4）对各个系统提供的检索功能进行试用。

（5）对多个系统所提供的文本信息检索技术进行比较分析。

（6）形成并提交实验报告。

第3章 图书信息检索

3.1 图书信息检索概述

图书是人们最常使用的文献类型之一，可以分为阅读类图书和工具类图书。阅读类图书包括专著、教科书、论文集、文学作品、科普读物、毛边书、绘本等；工具类图书包括百科全书、年鉴、字典、手册、名录等。对图书信息的检索主要包括对图书书目信息的检索和图书全文信息的检索。本节主要介绍图书书目和电子图书的相关知识。

3.1.1 书目概述

书目简单说是一批图书的目录式排列。它是一种按照一定的次序编排组织而成的揭示和报道文献信息的检索工具。书目信息是指内容信息（如书名、作者、内容提要等）、出版信息［出版社、出版地、出版年、ISBN（international standard book number，国际标准书号）等］以及收藏信息（收藏地、索书号）的统称，是获取图书的主要线索。

英语书目一词源于古希腊文，含义是"图书"，后演变为图书的著录或图书的描述。而在中文中目录一词的解释如下："目"指篇目，即文献的名称；"录"指叙录，即文献的提要。

因此，书目、目录都是通过著录独立出版单元文献的各项特征（如著者、出版、内容提要等），并按照一定的次序编排而成的一种揭示与报道文献的工具。"著录独立的出版单元"是指书目一般是按"种"或"件"（如一本图书、一种期刊、一套丛书等）来报道、存储和提供检索的。

书目对文献的描述比较简单，一般只描述、著录其外部特征和简单的内容特征，如书名、作者、出版情况、分类号、主题词、内容摘要等。一种出版物经过这样的描述、著录后，就形成了一个款目，将许多个款目按某种方式编排起来，就形成了可以检索的目录。

书目的历史十分悠久，世界上现存最早的书目是古希腊学者卡利马科斯（约公元前305～前240年），以亚历山大图书馆的藏书和当时主要的希腊文献为基础而编制的《各科著名学者及其著作目录》。我国早期的书目著作可追溯到公元前一世纪刘向、刘歆父子等编纂的目录巨著《别录》和《七略》。

书目的功能主要包括以下几个方面。

（1）确定和鉴别，即提供有关文献客观情况的核实、确定和鉴别，如著者姓名、作品全名、出版地点、出版者、版本、页数和价格等内容。

（2）提供选择，通过对文献各书目特征的揭示，为用户选择文献提供参考。

（3）提供出处，提供文献的出版者、收藏机构等信息，帮助用户获取文献。

（4）书目控制，指以书目方法为主要手段，从整体上对一定时期内出版的文献进行统计、报道、揭示，实现对文献流的控制。

3.1.2　书目的类型

按照多种不同的标准或角度可将书目划分为多种类型。按照收录文献的类型可分为图书目录、期刊目录、标准目录、报纸目录、地图目录、档案目录等；按照收录文献的内容范围可分为综合性目录、专科性或专题目录、个人著述目录（也称个人著述考，揭示与报道特定人物的全部著作以及有关该人物的文献）、地方文献目录（揭示与报道某地区文献的目录）等；按目录的载体形式又可分为卡片式目录、书本式目录、机读目录等。按照其功能划分，又有国家书目、营业性目录、收藏目录、专题目录、推荐书目、书目之书目等。本节主要按书目的功能介绍下列各类型书目检索工具。

（1）国家书目。国家书目属于统计登记性目录，是全面登记和反映某个国家一个时期内，各类型文献的出版或收藏情况的书目。一般是以国家出版物的呈缴本制度为基础，由收藏丰富的国家图书馆编制，收录齐全，著录规范。它全面系统地揭示与报道一个国家某一时期出版的全部文献，是一个国家全部出版物历史与现状的记录，是了解和掌握一个国家文化、科学和出版事业的水平的重要工具，也是实现世界书目控制的基础。全世界多个国家和地区中已有 90 个国家拥有国家书目，如《中国国家书目》《英国国家书目》等。尽管国家书目具有完备性和可靠性等特点，但由于它的编辑是以已经出版的图书为基础的，加工时间较长，出版速度较慢，因此一般仅用于回溯检索。

（2）营业性目录。营业性目录又称作书业书目，有在版目录、征订目录等形式。我国主要的征订目录有《社科新书目》《科技新书目》等。征订目录中提供每种图书的书名、著者、开本、字数、内容提要、读者对象、出版日期等书目信息。国外没有这种全国统一的征订目录，但各个出版社都出版自己的书目，报道在版图书和新书。出版社目录通常会对重点新书有比较详细的介绍。这种由出版、发行部门（图书出版商、经销商等）编制的揭示与报道已经或将要出版或投入市场等发行渠道的文献目录即营业性目录。用户可通过对营业性目录的检索，了解正在或即将在图书市场上经销，可以购买得到文献的信息。此类目录种类繁多，数量很大，可以在书店、书市、书业展销博览会等场合免费得到，或在出版社等机构的网站上自由检索。

（3）收藏目录。其指反映文献收藏单位入藏文献情况的目录，可以分为馆藏目录和联合目录。①馆藏目录，只反映某个文献收藏单位所收藏文献的情况，是馆藏情况的真实记录，代表实有书刊资料，大多附有馆藏地址或索书号，供读者借阅和复印。用户检索文献最终要获得原始资料，馆藏目录就是按检索结果查找原文、获取原文的重要工具。由于某些文献单位馆藏规模大、专业性强以及某种历史或地理的原因，馆藏目录具有较大的检索价值。②联合目录，揭示报道若干个文献收藏单位的文献入藏情况，如西文图书联合目录、西文期刊联合目录等。它的作用是把分散在各地、各单位的文献，从目录上联成一体，充分发挥合作馆藏的力量；便于开展文献资源协调采购；便于开展馆际互借，实现资源共享；是获取文献全文、文本的重要依据。

（4）专题目录。这是根据比较重大的科研、生产课题的需要，围绕一个或多个专门课题，全面系统地揭示与报道关于某学科或某一研究课题的国内外有关文献。它有两个显著特点，一是收录面广，不限于馆藏，也不限于某种文献类型，比较全面、系统；二是选题专深，针对性强，对有关专业的用户有比较重要的参考价值，如《八十年来史学书目》。在一些图书馆网站上建立的学科导航系统中也提供了许多学科、专题文献的目录或其链接。

（5）推荐书目。其指针对特定的读者群或围绕特定目的，对文献进行选择性推荐而编制的书目，如大学生必读书目、法学推荐书目等。

（6）书目之书目。这种书目也称书目指南，是各种目录、索引的书目总录，是了解、选择、利用检索工具的钥匙。

上述各类型目录都在向数字化、网络化方向发展，并建设网络化检索平台。今天，人们已能够足不出户，通过互联网检索天下图书了。

3.1.3　电子图书概述

电子图书（E-book）是利用计算机技术将文字、图片、声音、影像等信息，通过数码方式记录在以光、电、磁为介质的设备中，并借助于特定的设备或技术手段进行读取、复制、传输的图书。电子图书必须借助一定的软硬件设备才可以阅读和使用，如 PC（personal computer，个人计算机）、手机、平板电脑、PDA（personal digital assistant，个人数字助理）、电子阅读器等。

与印本图书相比，电子图书的特点主要包括以下几点。

（1）从制作上看，信息容量大、制作方便、成本低廉、可按需印刷。

（2）从发行上看，发行快速、利于共享、可按需发行。

（3）从使用上看，检索携带方便、页面多媒体效果、引用摘录便捷，可提供个性化服务，如购买图书中的一个章节。

目前电子图书的制作主要有两种方式：一种是将各种印刷型的图书通过扫描仪等设备转换为数字格式的、用计算机存储和阅读的电子读物，这些经过数字处理后的电子读物保留了原印刷型读物的所有文字、图表、照片等，可实现全文检索；另一种是制作一开始就是用电子文本存储的电子图书，即原生数字出版物。

与电子书相关的一个概念是电纸书。简单说，电纸书就是一种电子阅读器，是一种采用电子纸的显示屏幕的新式数字阅读器。优点是辐射小、耗电低、不伤眼睛、携带方便，而且它的显示效果逼真，看起来和纸质本的效果一样。

3.1.4 电子图书的类型

按照不同标准，电子图书可以分为不同类型。

（1）按载体材料划分。电子图书按制作的载体材料划分可以分为电子图书阅读器、网络电子图书和光盘电子图书等三种类型。电子图书阅读器也叫手持电子图书阅读器或便携式电子图书阅读器。网络电子图书即以互联网为媒介，以电子文档方式发行、传播和阅读的电子图书。网络电子图书可以跨越时空和国界，为全球读者提供全天候服务，主要有免费和收费的网络电子图书两种类型。光盘电子图书是以光盘为存储介质，只能在计算机上单机阅读的图书。

（2）按学科内容划分。电子图书的内容非常广泛，涉及各个学科，如社会科学、数学、物理、化学、生物、工程技术等。

（3）按存储格式划分。电子图书的存储格式形式多样，常见的有 PDF、EXE、CHM、UMD、PDG、JAR、PDB、TXT、BRM、HTML[①]等格式。归纳起来主要有三类，即图像格式、文本格式和图像与文本格式。

图像格式就是把传统的印刷型图书内容扫描进计算机中，以图像格式存储。这种格式的图书制作起来较为简单，适合于古籍图书以及以图片为主的技术类书籍的制作，但这种图书显示速度较慢，检索手段不强，图像不太清晰，阅读效果不太理想。

文本格式的电子图书，通常是将书的内容作为文本，并有相应的应用程序。应用程序会提供友好的用户界面、基于内容或主题的检索方式、方便的跳转、书签功能、语音信息、在线辞典等。这种类型的电子图书数量很多，前面提到的 CHM 即属此类格式。

图像与文本格式的典型代表是 PDF 格式，它是 Adobe 公司的"便携文档格式"，即 PDF 格式的文件无论在何种机器、何种操作系统上都能以制作者所希望的形式显示和打印出来，表现出跨平台的一致性，PDF 文件中可包含图形、声音等多媒体信息，还可建立主题间的跳转、注释，且 PDF 文件的信息是内含的，甚至可以把字体"嵌入"文件中。可见，PDF 格式的电子图书是具有图像和文本格式的双重特点的电子读物。

3.1.5 图书信息的检索入口

图书信息的检索入口分为两类：一类是从图书的形式特征进行检索，主要包括图书的题名、责任者（著者、编者、译者、机关团体等）、号码（如 ISBN）、出版者等；另一类是从图书的内容特征进行的检索，它包括分类检索和主题检索（如关键词）。从图书的内容特征进行的检索是图书检索的重要途径。

---

① PDF 表示 portable document format，便携式文件格式；EXE 是可执行文件（executable file）格式；CHM 表示 compiled help manual，已编译的帮助文件；UMD 表示 universal mobile document，一种电子书文件格式；PDG 是一种文件格式，类似于 PDF，是超星集团有限公司开发的且具有产权的格式；JAR 表示 Java 归档（Java archive），是一种软件包文件格式；PDB（protein data bank）是一种标准文件格式；TXT 是微软在操作系统上附带的一种文本格式，是最常见的一种文件格式；BRM（Byread media）为百阅（Byread）兼容的一款电子书格式，可以和 TXT、UMD、JAR 等格式相互转化；HTML 为 hypertext markup language，超文本标记语言。

3.2　图书书目信息检索

3.2.1　主要的书目检索工具

1. 我国主要的书目检索工具

我国主要的书目检索工具如下。

（1）《全国总书目》。1949 年创刊，原由中国版本图书馆编辑，中华书局出版，现由国家新闻出版署信息中心编辑出版。该书目是根据全国出版单位缴送的样书编成的，所收录的是公开出版发行或具有正式书号（ISBN）的图书，比较全面、系统地反映了历年我国图书出版的概貌，是具有年鉴性质的综合性、系列性的中国国家书目。其编辑体例为三部分：分类目录、专题目录和附录（附录包括全国报纸杂志目录、出版社一览表、丛书索引等）。最初为印刷版，后期推出了光盘版。

（2）《全国新书目》。1951 年创刊，原由中国版本图书馆编辑，中华书局出版，现由国家新闻出版署信息中心主办。每期发布图书在版编目数据 5000 条以上。目前中国知网、中国期刊网全文收录，国内外公开发行。

（3）《新华书目报》。创办于 1964 年，系国家新闻出版署主管、新华书店总店主办的中央级专业图书出版信息类报纸，《新华书目报》含《社科新书目》《科技新书目》《图书馆报》三大子报，报道中央一级和北京以及全国其他地区出版社的各类图书、多媒体制品等最新出版信息。收录图书品种丰富，介绍详细，以新书为主，每月预告初重版图书信息超 5000 种，年近 5 万种。

（4）《中国国家书目》。1987 年首次出版。该书是中国国家图书馆（原名北京图书馆）依据其馆藏（呈缴本、采购本）而编制的报道我国每年图书出版情况的书目。除收录中文普通图书外，还包括少数民族语文图书。《中国国家书目》最初为印刷版，后续推出了《中国国家书目光盘（1988—1997）》《中国国家书目回溯光盘（1949—1974）》《中国国家书目回溯光盘（1975—1987）》等光盘版。

2. 国外主要的书目检索工具

国外的主要书目检索工具如下。

（1）《英国国家书目》（*British National Bibliography*，BNB）。以英国历史悠久的呈缴本制度为基础，收录、报道英国出版的新图书和新期刊。其著录遵循《英美编目条例（第二版）》（*Anglo-American Cataloguing Rules 2*，AACR2），按美国国会图书馆主题标题表标引并做主题索引，分类采用杜威十进分类法。BNB 有印刷版周刊和每月出版的光盘版。该书目及时报道英国和爱尔兰的最新出版物，除书刊外还涉及政府出版物，从 2003 年起已将收录范围扩大到电子资源。该书目报道及时，著录质量较高，在全世界的图书期刊论文出版与收藏信息检索类书目中首屈一指，公认为权威性的书目工具。

（2）美国的《全国联合目录》（*National Union Catalog*，NUC）。由美国国会图书馆从 1901 年开始制作卡片式出版的大型联合目录，20 世纪 40 年代初开始出版书本式联合目录，陆续印行了 1898~1957 年制卡的目录款目。1968 年以后出版的 NUC 已转换成机读目录形式。其收藏包括国会图书馆在内的北美 1100 个图书馆的藏书，收录之多堪称世界书目。

（3）美国的《在版书目》（*Books in Print*）。该书目是美国出版商在版书目汇编。汇集了 21 000 家出版社的 80 万种图书。这些图书涉及学术专著、大众读物、少年儿童读物以及各种类型的重印本。印刷版共分 9 卷，包括作者篇 4 卷，书名篇 4 卷，出版社篇 1 卷，分别按字顺排列。还提供基于互联网的数据库版，是在其印刷版基础上发展起来的，不但包括《在版书目》的数据，还提供《绝版书目》（*Books Out of Print*）的内容。

3.2.2　公共检索目录 OPAC 系统

随着互联网的普及，在网上提供图书信息检索、服务的机构日益增多，不仅有图书馆等文献信息机构，还有图书出版商、发行商、销售商等，使用户在网络环境下检索图书信息十分便捷。下面介绍在网络环境下利用各图书馆的公共检索目录 OPAC 系统检索图书信息的方法。

1. OPAC 概述

OPAC，英文全称为 online public access catalog，中文名为联机公共检索目录，20 世纪 70 年代初发端于美国大学和公共图书馆，是一种通过网络查询图书馆馆藏信息资源的联机检索系统。在图书馆未实现自动化和网络化之前，图书馆目录的使用范围基本上是限于馆内用户，而互联网的发展则冲破了这一限制。网络用户可通过自己的网络终端检索世界各地图书馆的 OPAC，使用每个目录时只要知道所要访问、检索的图书馆主页的 URL（uniform resource locator，统一资源定位系统），然后采用相应的网络工具，如远程登录或直接通过 Web 浏览器就可进行访问、查询。这样就可以检索许多国家、地区及任何一所高校图书馆的藏书。在各图书馆 OPAC 的基础上，后来又出现了多种联合书目检索系统，用户可以在此系统查询到特定图书都由哪些图书馆拥有。

OPAC 系统突出特征主要包括以下几个方面。

（1）信息资源丰富。利用数据库的功能，目前许多图书馆的 OPAC 系统不仅仅收录有印本图书书目信息，而且还包括各种电子版，如光盘、VCD（video compact disc，小型影碟）、DVD（digital versatile disc，数字通用光盘）等音频视频资源，收录有电子图书书目信息。很多 OPAC 系统还收录有其他出版形式的书目信息，如学位论文、教学参考资料等。也有的 OPAC 系统开始对 OPAC 资源进行纵向整合，即以书目信息为中心向全文、目次、文摘、书评等多种信息描述方式扩展。

（2）检索方式灵活。每个图书馆的书目检索系统不尽相同，各有特色。但检索方法基本上是大体一致的。基本上都可以以书名、作者、主题等多种方式进行检索，同时也提供简单检索、高级检索、专门检索等各种检索功能。

（3）用户界面友好。一般 OPAC 的检索界面都很简单，而且还提供一些检索方法的说明。OPAC 界面的发展趋势是朝着规范、简洁、生动、拟人化方向发展，多种人机交互方式以及多语言设置界面、触摸屏用户界面、语音用户界面等，也将为 OPAC 系统所采用。

（4）服务方式多样。OPAC 系统提供了多种服务功能，如提供帮助和纠错功能，提供提示功能，提供信息查询服务，可随时进行用户信息查询、图书续借与预约、更改密码、请求和提问等。有些 OPAC 系统已经和本地其他服务功能整合在一起，如当用户在 OPAC 检索的图书本地没有时，可直接链接到馆际互借服务项目。

2. OPAC 系统的检索功能与使用方法

通常，OPAC 的检索功能包括简单检索、高级检索和专业检索三种方式。

1）简单检索

简单检索通常是指使用一种字段进行检索的方式。通常 OPAC 提供的可检索字段包括以下几种：题名检索，包括署名、丛书名、并列书名、刊名等；责任者检索，包括著者、编者、译者、团体著者（包括会议名称）等；分类检索，用分类号进行检索；主题检索，包括主题词或关键词等；号码检索，包括 ISBN、国际标准连续出版物号（International Standard Serial Number，ISSN）、中国书号、中国刊号、标准号、专利号、科技报告号等；出版社名称检索。

使用时，选择好要检索的字段，在检索框中输入检索词并按检索按钮即可。此外，OPAC 还会提供一些限制条件，帮助用户更精确的描述需求。图 3-1 为某 OPAC 简单检索示例。

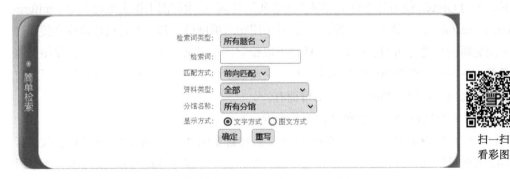

扫一扫
看彩图

图 3-1　某 OPAC 简单检索示例

2）高级检索

高级检索提供更为复杂的检索功能，可以实现相同或不同字段间的组配检索。常用的检索功能包括布尔检索、截词检索、精确匹配、模糊匹配等。目前多数 OPAC 采用了菜单引导方式引导用户选择，使用方便。图 3-2 为某 OPAC 高级检索示例。

扫一扫
看彩图

图 3-2　某 OPAC 高级检索示例

3）专业检索

专业检索通常是指用户直接在检索框中输入布尔逻辑检索式的一种方法。这种方法查准率高，但需要用户掌握检索式编写技能，通常会在网站上给出说明。

除了以上三种检索功能以外，一些 OPAC 系统会提供分类浏览功能，用户可以通过浏览寻找所需图书信息。

3．重要 OPAC 系统简介

1）OCLC 的 WorldCat 数据库

WorldCat 是 OCLC（Online Computer Library Center，Inc，联机计算机图书馆中心）的在线编目联合目录，是世界范围图书馆和其他资料的联合编目库，同时也是世界最大的联机书目数据库。

WorldCat 包含三个组成部分：一个书目目录、一个知识库和一个图书馆信息注册中心①。WorldCat 书目目录包含用户可在图书馆中获取的所有信息。除图书和印刷期刊外，实体资料的目录还包括 DVD、历史照片、电子游戏、乐谱、报纸、网页和其他众多标准资料。WorldCat 的书目目录建设起源于 1971 年，俄亥俄大学的奥尔登图书馆将第一批书目记录添加至后来所称的 OCLC 在线联合目录。后期更名为 WorldCat，至今已收录数百万条记录和数十亿馆藏。截至 2021 年 1 月，WorldCat 资料的语言有 483 种，非英语资料占比61%，英语资料占比 39%。

WorldCat 知识库将图书馆用户与相关图书馆提供的电子资源链接在一起。它整合与图书馆电子资源相关的数据，此类数据的链接特征使得馆藏更易于查找、共享、管理和使用。随着世界各地的图书馆和出版社提供的内容不断增加，WorldCat 知识库中合作维护的馆藏也日益增长。知识库中还包含免费和开放提供的资料，用户可以与图书馆资料一起找到并获得这些资料。截至 2021 年 2 月，知识库提供了超过 52 330 663 条记录和 17 851 份内容馆藏。

WorldCat 注册允许各图书馆维护与其服务和联系方式相关的信息，以帮助信息搜索者

---

① 资料来源：https://www.oclc.org/zh-Hans/worldcat/inside-worldcat.html/。

在线查找图书馆。当图书馆员维护其所在机构的地点、开闭馆时段、关系、服务和联系信息时，WorldCat 注册会在 WorldCat.org 和其他包含相关链接的常用网站上显示这些信息。

WorldCat 的高级检索界面如图 3-3 所示。

WorldCat Beta　　　　　　　　　　　　　　　　　首页　帮助　反馈

高级检索

至少要将检索词输入在下面字段中的一个之中

关键词：
只要资料中的任何地方有这些词就要送回

题名：
送回题名中有这些字的资料　　　　　　　例如：老人与海（The Old Man and the Sea）

著者：
送回按著者检索的资料　　　　　　　　　例如：海明威（Ernest Hemingway）

ISBN 或者 ISSN 或者 OCLC号码
送回与标准号码相关的资料　　　　　　　例如：0684830493

[检索]

限制结果的依据 （非一定要）

文种：
只送回此文种的资料　　　　中文

格式：
只送回此格式的资料　　　　书

出版日期：
送回资料的出版日期范围；　　　　到　　　　
　　　　　　　　　　　　　　例如：1971年　　例如：1977年

扫一扫
看彩图

图 3-3　WorldCat 的高级检索界面

2）中国科学院文献情报中心 OPAC 系统

中国科学院文献情报中心立足中国科学院、面向全国，主要为自然科学、边缘交叉科学和高技术领域的科技自主创新提供文献信息保障、战略情报研究服务、公共信息服务平台支撑和科学交流与传播服务，同时通过国家科技文献平台和开展共建共享为国家创新体系其他领域的科研机构提供信息服务。其 OPAC 系统检索界面如图 3-4 所示。

该 OPAC 检索系统可进行多项检索，其中包括馆藏纸本的检索和电子图书的检索。在首页的馆藏纸本或电子图书中进行检索，可选择利用任意字段、题名、作者、出版社、ISBN、丛书题名等途径查询图书。系统默认查询的数据库是中国科学院图书联合目录数据库。这个图书联合目录数据库涵盖中国科学院国家科学图书馆总分馆和部分研究所约 40 家图书馆馆藏书目。该 OPAC 检索系统对于检索结果的输出提供了比较丰富的功能。图 3-5 是以题名为检索字段，输入"信息检索"后获取的部分结果页面。

检索结果可以按照日期、题名、相关度、收录时间等方式排序，也可以按字顺浏览。此外，还可以从馆藏单位、资源类型、文献类型、出版时间、所属学科、出版社、语种等多个角度对检索结果进行限定。点击检索结果的"详细信息"，即可看到该书在联合成员馆中的收藏单位和成员馆索书号等信息。如果在检索过程中有任何问题，用户都可以点击"问图书馆管理员"直接向图书馆管理员咨询以获取更加详细的情况。

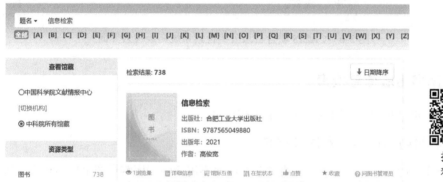

扫一扫
看彩图

图 3-4　中国科学院文献情报中心 OPAC 系统检索界面

扫一扫
看彩图

图 3-5　中国科学院文献情报中心 OPAC 系统检索结果示例

3）CALIS 联合目录数据库

中国高等教育文献保障系统（China Academic Library & Information System，CALIS），是经国务院批准的我国高等教育"211 工程""九五""十五"总体规划中三个公共服务体系之一。CALIS 联机合作编目中心是中国高等教育文献保障体系的两大服务中心之一，其秉承"实现信息资源共建、共知、共享，发挥最大的社会效益和经济效益，为中国的高等教育服务"的宗旨，致力于 CALIS 联合目录数据库的建设，并提供相关服务。

CALIS 联合目录数据库建设始于 1997 年。2000 年 3 月，CALIS 联机合作编目系统正式启动，以联合目录数据库为基础，以高校为主要服务对象，开展了联机合作编目、编目数据批量提供、编目咨询与系统培训等业务，方便了成员馆的编目工作，提高了书目数据库建设效率。目前面向 1000 多家成员单位提供服务，已成为国内外颇具影响力的联合目录数据库。

截至 2018 年 6 月 30 日，CALIS 联合目录数据库共有书目记录 713 万余条，规范记录 175 万余条，馆藏信息约 5000 万条。书目记录涵盖印刷型图书和连续出版物、古籍、电子资源、其他非书资料等多种文献类型，覆盖中、西、日、俄、韩、阿拉伯等一百多个语种；内容囊括教育部普通高校全部 71 个二级学科，226 个三级学科（占全部 249 个三级学科的 90% 以上）；数据标准和检索标准兼容国际标准。

CALIS 联合目录公共检索系统提供了简单检索和高级检索功能，高级检索界面如图 3-6 所示。

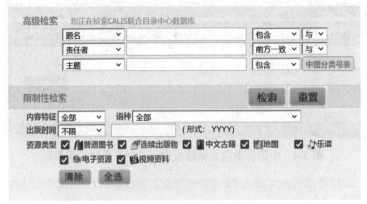

扫一扫
看彩图

图 3-6　CALIS 联合目录公共检索系统高级检索界面

3.2.3　图书出版信息检索

目前，可以利用一些网站查找图书出版信息。

1. 利用购物网站检索图书信息

电子商务的迅速崛起，让人们通过互联网而不用亲临书店购买图书成为现实。目前提供网上购买图书的网站有出版商网站，有专门的图书购买网站（网上书店），如美国的亚马逊网上书店，国内的当当网上书店等。目前流行更广的是综合性电子商务网站，提供包括图书在内的各种商品购买服务，如国内的京东。在这些网站上，人们可以按书名、作者、出版社、图书分类、关键词等不同检索方法来查询图书的相关信息，一般可以获得图书的题名、责任者、出版单位、出版时间、版本、价格、ISBN 等基本信息，此外一些网站会提供图书内容简介、章节目录以及部分内容的试读。

此外，也有一些较为特殊的图书销售网站，如中国图书网（http://www.bookschina.com/）。中国图书网创建于 1998 年，是国内最早的网上图书销售平台之一。中国图书网已经成为国内图书品种最全的网上书店，基本包含了国内各大出版社的所有图书品种。以销售精选的、近 20 年出版的出版社尾货图书为主要特色，售价 2～5 折，且包含老版书、稀缺书。

2. 利用出版信息网站检索书目信息

综合性的图书（出版）网站面向各个学科和领域，提供图书出版信息。较有代表性的是书网 Bookwire（https://www.bookwire.com）。Bookwire 是美国著名的图书网站，是由鲍克出版公司创建运营的，主要提供图书查找、信息整理工具和服务，帮助出版商、零售商、图书馆及广大读者更加便捷地找到新书、畅销书、电子书、有声读物等。网站提供了按主题浏览查找图书信息的功能，也可以按学科、书名、作者、出版者等进行检索。网站显示每一本图书的作者、ISBN、出版日期、出版社、价格、内容描述等信息。

随着网络的发展，各个出版社开始建设自己的网站，提供本社出版的图书信息。一般提供出版社信息、最新图书信息、图书目录和辅助信息。

3.3　图书全文信息检索

计算机技术带动了电子出版物的产生和发展。电子出版物是指以数字代码方式将图、文、声、像等信息存储在磁、光、电介质上，通过计算机或类似设备阅读和使用，可复制发行并通过网络传播的信息产品。类型有电子图书、电子期刊、电子报纸和软件读物等。大量的电子出版物是印刷型出版物的电子版，但也有电子出版物是完全在网络环境下编辑、出版、传播的电子产品。电子图书是电子出版物中最常见的文献形式。电子图书的出现为图书的出版、发行带来了很大变革，为广大读者带来了极大的便利和实惠。电子图书的出现也使得图书的全文信息检索成为可能。电子图书检索系统可以分为商业性电子图书全文检索系统和开放性电子图书检索系统。

3.3.1　商业性电子图书全文检索系统

图书是重要的文献类型，具有独特的参考和利用价值。许多大型商业性数据库中都包含电子图书相关的资源，如国外的 Elsevier 数据库、Emerald 数据库、Springer 数据库、Wiley 数据库、Gale 数据库等，国内的知网、维普、万方数据库等。这些数据库除了收录图书以外，还收录其他类型的数字资源，如期刊、学位论文、科技报告、专利等，本书将在第 4 章对这些数据库进行介绍。本节主要介绍以电子图书为主要收录对象的商业性电子图书全文检索系统。

1. Ebrary 电子图书数据库

Ebrary 公司于 1999 年 2 月正式成立，由 McGraw-Hill Companies、Pearson Plc 和 Random House Ventures 三家出版公司共同投资组建。Ebrary 电子图书数据库整合了来自 1000 多家著名的大学出版社、专业出版商、学术出版机构等的权威图书和文献，到 2013 年 12 月，Ebrary 的综合学术类收藏（academic collection）中，可提供 16 个学科分库 10 万种电子图书，覆盖了商业经济、计算机、技术工程、语言文学、社会科学、医学、历史人文、科技和法律等主要科目的书籍种类。

进入 Ebrary 数据库后用户可以创建一个账户，进而可以创建个人书架、标注图书以及下载图书进行离线阅读。Ebrary 数据库提供了关键词查询和按主题浏览的功能，找到所需图书后，用户可以在线浏览，也可以下载到本地离线浏览。下载电子图书到本地计算机需要安装 Adobe Digital Editions，用户一次可以下载 10 个文件，大部分文件可以下载 14 天，之后文件将不可读。用户下载的电子图书经过转换也可以在一些移动终端上阅读，如 Kindle、iPAD、iPhone 等。此外，Ebrary 数据库已经为安卓和 iOS 移动端开发了移动 App，更便于用户使用[①]。

目前，Ebrary 电子图书的检索已经全部迁移到了 ProQuest Ebook Central 平台。

2. ProQuest Ebook Central 平台

ProQuest Ebook Central（简称 EBC）于 2017 年建设完成，整合原 Ebrary、EBL、MyiLibrary 三大电子书平台，吸收原有技术优势，创建全新统一的全球最大的学术电子书平台。ProQuest Ebook Central 为用户提供了面向科研、教学、学习的"一站式"电子图书平台。

EBC 提供了基本检索和高级检索功能，此外还可以按主题（学科）浏览。对于检索获取的结果，用户还可以通过图书状态、出版年、作者、语种等进行分面查看。图 3-7 为某次基本检索的结果页面。

图 3-7　EBC 基本检索结果页面示例

除了以上检索功能外，EBC 还可以进行书中检索，对特定电子图书的内容进行检索，图 3-8 和图 3-9 为书中检索示例及检索结果示例。

图 3-8　EBC 书中检索示例

---

① 资料来源：https://library.albright.edu/c.php?g=117680&p=765811。

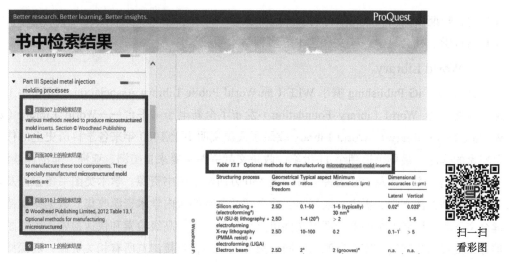

图 3-9　EBC 书中检索结果示例

对于检索结果，点开图书详情页面，可以获取图书的书目信息、权限信息、内容描述、目录等信息。用户可以在线阅读，对图书内容进行标注或复制，将所选内容转换为 PDF 文件，也可以整本下载（借阅）。计算机借阅需下载 Adobe Digital Editions，移动设备需下载 Bluefire Reader。

3. EEBO 数据库

EEBO（Early English Book）是由密歇根大学、牛津大学和 ProQuest Information and Learning 公司合作开发并于 1999 年推出的在线全文数据库。该数据库收录了所有现存的 1473～1700 年英语世界出版物的资料，是目前世界上记录从 1473～1700 年的早期英语世界出版物最完整、最准确的全文数据库。EEBO 项目全部完成以后将收录 125 000 种著作，包含 22 500 000 多页纸的信息。EEBO 包括许多知名作家的著作，如莎士比亚、马洛礼、斯宾塞、培根、牛顿、伽利略等。除了收录那个时期大量文学资料外，该数据库还收录许多历史资料，如皇家条例及布告、军事、宗教和其他公共文件、年鉴、练习曲、年历、大幅印刷品、经书、单行本、公告及其他原始资料。该数据库覆盖历史、英语文学、宗教、音乐、美术、物理学、妇女问题研究等诸多领域，其资料的深度和广度为各学科领域的研究提供了广泛的基础。该数据库可以通过 ProQuest 的平台进行检索使用。

4. NetLibrary 数据库

NetLibrary 成立于 1999 年，是美国 OCLC 的下属部门，是世界上向图书馆提供电子图书的主要供应商，提供综合性电子图书的浏览。NetLibrary 电子图书覆盖了以下主要学科：科学、技术、医学、生命科学、计算机科学、经济、工商、文学、历史、艺术、社会与行为科学、哲学及教育学等。这些电子图书的 90% 是 1990 年后出版的。共有 50 000 多种高质量电子图书，每月均增加几千种。原 NetLibrary 电子书已正式迁移至 EBSCOhost 平台，与期刊实现统一平台检索使用。EBSCO 是一个具有 70 多年历史的大型文献服务专业公司，长期提供期刊、文献订购及出版等服务，开发了近 100 多个在线文献数据库，涉及自然科学、社会科学、人文和艺术等多种学术领域[①]。

5. World Library

2020 年，iG Publishing 携手 WLF（原 World Public Library Association，2017 年 1 月起正式更名为 World Library Foundation）发布了全新电子书平台——World Library（原 World eBook Library）。World Library 收录了人类文明史上 1000 年来各学科历史上的伟大思想家的作品，最早可追溯至 11 世纪。收录文献资源主要来自美洲、亚洲、非洲和欧洲，语种以英语为主，涉及 100 余种语言的近 150 万册电子图书资源。学术类图书覆盖涉及多学科，特别关注文学、历史、语言学、社会学及科技领域内学术资源收集。数据库支持一键全文下载，读者下载的电子图书文件可永久保存；支持高级检索和快速检索；关联图书推荐，拓展用户阅读广度，资源以不同合集方式呈现，直接浏览所有相关资源；资源持续自动更新，数量不断增加。

6. 超星数字图书馆

超星数字图书馆成立于 1993 年，是国内专业的数字图书馆解决方案提供商和数字图书资源供应商。超星数字图书馆是国家 863 计划中国数字图书馆示范工程项目， 2000 年 1 月，在互联网上正式开通。它由北京世纪超星信息技术发展有限责任公司投资兴建。浏览超星电子图书必须使用专门定制的浏览软件——超星图书阅览器（SSReader），可在其网站内下载。超星的电子图书是基于原书完整的逐页扫描所生成的文件。超星图书阅览器在书页传输过程中采用了专门压缩和逐渐显示等技术，加快了浏览速度。

超星数字图书馆目前拥有数字图书 50 余大类，数百万册电子图书，内容丰富，范围广泛，并且每天仍在不断地增加与更新，为目前世界最大的中文在线数字图书馆。部分电子图书可以免费阅读。

超星数字图书馆采用两种服务方式：针对个人用户发行读书卡；针对集体用户采取数据库租赁等。目前更多的是大学科研单位购买，机构内部采用 IP 地址控制，机构用户免费使用。

超星数字图书馆提供两种途径查阅图书：一种是浏览方式，另一种是检索方式。浏览方式按照《中国图书馆分类法》将图书归入 22 个大类，大类之下进一步展开，类目展开层级到三级类目。用户点击所需检索的类目，即可显示与该类目相关的所有图书。

检索方式可以进行普通检索和高级检索。普通检索可以选择书名、作者、目录、全文等检索途径输入关键词进行检索。高级检索提供了更为丰富的检索途径和限定条件，不同检索字段可以进行组合。图 3-10 为超星数字图书馆高级检索界面。

对于结果页面的每一本图书，系统将显示书名、作者、出版日期、出版社、页数、中图分类号等信息。用户可以进行在线浏览，也可以下载到本地离线阅读。

---

① 资料来源：https://library.xmu.edu.cn/info/1651/5024.htm。

图 3-10　超星数字图书馆高级检索界面

7. 北大方正 Apabi 数字图书系统

北大方正 Apabi 数字图书系统由北京北大方正电子有限公司制作，收录了全国 400 多家出版社出版的最新中文数字图书，涵盖了社会学、哲学、宗教、历史、经济管理、文学、数学、化学、地理、生物、医学、工程、机械等多种学科。具有方便的全文查找功能，支持词典功能；可在页面上进行添加书签、画线、加亮、批注、圈注、复制、前/后页翻页、半翻页/全翻页切换、页面切换等操作。还可分类浏览，快速查询以及高级检索，图文显示和列表显示等。

8. 皮书数据库

皮书数据库是专业的人文社会科学综合学术资源总库，是深度分析解读当今中国与世界经济社会发展现状与未来趋势的智库产品和知识服务平台；依托中国社会科学院，集中国内一流的专业学术机构和高校科研力量，涵盖 300 多个主题。库内资源覆盖全球 97 个国家和地区，中国 22 个省区市及港澳台地区，19 个区域经济体，14 个经济圈，190 个地级及以上城市，100 多个行业，41 个一级学科，179 个二级学科，基本囊括了社会、经济、政治、文化、教育、国际问题等各个领域和层面，能够满足经济学、社会学实证研究的资源需求。该库包含的国内核心专业学术数据库如下：中国经济发展数据库、中国社会发展数据库、世界经济与国际关系数据库、中国区域发展数据库、中国文化传媒数据库、中国行业发展数据库等。

3.3.2　开放性电子图书检索系统

目前网上也有一些开放性的电子图书全文数据库或检索系统，用户可以免费获取电子图书的全文信息。比较有代表性的是古腾堡计划（Project Gutenberg）。古腾堡计划是一个大型的图书电子化计划，旨在降低图书传播的成本，最早于 1971 年提出，也是最早向全世界读者免费提供著名的、重要的电子图书的网站。古腾堡计划的电子文本主要有以下三种类型：轻文学，如《爱丽丝漫游记》；严肃文学，如《圣经》或其他宗教文献、莎士比亚论文集等；参考工具书，如年鉴、百科全书、字典等。古腾堡计划的资源可以通过其网站（https://www.gutenberg.org/）访问。平台提供了基本检索和高级检索功能，也可以按照作者、题名、语言、资源类型、上线时间等进行浏览。网站还将相近主题的图书组织成专辑，称为"书架"（"Bookshelf"）。每一个"书架"下还会进一步细分，每一个"书架"及细分类目下可以按照字顺、流行度、发行日期等进行排序，用户可以点击浏览。

Manybooks（https://manybooks.net/）创建于 2004 年，旨在通过互联网提供大量免费的电子图书。该网站早期的图书大部分来自于古腾堡计划。后期一些自主出版的作者开始将其作品上传至 Manybooks 的网站，进一步丰富了网站收录的资源。

FOLDOC（Free On-Line Dictionary of Computing，http://foldoc.org/）是一个提供计算机信息的电子词典，提供同义词、程序设计语言、工具、结构、操作系统、网络、理论、转换、标准、远程通信、电子学、机构、公司、产品等与计算机有关的一切信息。

书格（https://new.shuge.org/）建立于 2013 年 5 月，是一个自由开放的在线古籍图书馆。致力于开放式分享、介绍、推荐有价值的古籍善本，并鼓励将文化艺术作品数字化归档。分享内容限定为公共版权领域的书籍。书格发布的书籍主要为高清彩色影像版本 PDF 格式，大部分书籍单页宽度在 1400 像素以上，跨页宽度在 2400 像素以上。书籍刊行年代从宋元珍本，明清善本到近代刊本。书格由志愿者建立和维护，截至 2023 年 5 月，网站已经发布了近 2000 套资源。

3.4 本 章 实 验

实验名称： 图书信息检索。

实验目的： 熟悉和掌握图书信息检索的工具与方法。

实验内容：

（1）利用 CALIS 联合目录系统，查找收藏王知津所编《信息存储与检索》的图书馆数量，写出其中一所图书馆的名称。

（2）利用某大学图书馆（可指定为本单位）的 OPAC 系统，检索该图书馆收藏的书名含有"信息检索"的中文图书数量，请写出其中一本书的 ISBN、中图分类号，请写出该书同分类号下的馆藏图书有多少种。

（3）进入超星数字图书馆（或其他本单位有访问权限的数据库），检索"信息存储与检索"，请写出版权页中给出的书名、作者、出版年、出版社、ISBN、定价、印张数，请写出第 2 章习题中的习题数量。

实验步骤：

（1）进入 CALIS 联合目录系统，选择"高级检索"，"题名"字段输入"信息存储与检索"，"责任者"字段输入"王知津"，其他选项默认，点击"检索"；结果信息中，点击每个条目对应的"馆藏"字段，获取相应的馆藏信息。

（2）进入本单位的 OPAC 系统，"题名"字段输入"信息检索"，"资料类型"字段输入"中文图书"，提交检索获取馆藏图书的基本信息；获得图书的分类号信息后，重新进入检索界面，"分类号"字段输入所选择的分类号，提交检索后获取该分类号下馆藏图书的数量。

（3）进入超星数字图书馆，"书名"字段输入"信息存储与检索"，提交检索后获取结果，点击"阅读器阅读"，获取所需信息。

第4章 期刊论文信息检索

4.1 期刊论文信息检索概述

期刊论文是科学研究最为重要的载体之一。掌握在期刊论文海洋中寻找所需论文的技术和方法，是所有科研人员必备的知识和能力，同时，改进期刊论文获取途径是信息检索工具建设者的重要职责。

4.1.1 期刊论文信息检索工具及系统的种类

根据工具及系统性质不同可分为印刷本检索工具和机读型检索系统。

根据不同的检索对象，期刊论文信息检索工具及系统包括对期刊载体信息的检索、对期刊载体收藏信息的检索、对期刊论文线索的检索、对期刊论文内容的检索。因此检索工具及系统主要可以分为以下几点。

（1）期刊出版信息检索工具及系统。这部分主要是出版商、书商编辑出版的，提供期刊出版信息。

（2）期刊收藏信息检索工具及系统。这部分主要是图书馆编辑的馆藏目录和联合馆藏目录，提供期刊收藏单位的信息。

（3）期刊论文索引检索工具及系统。这部分主要是由专门的编辑部出版，提供期刊论文的书目信息。

（4）期刊论文文摘检索工具及系统。这部分主要是由专门的编辑部或数据库商编辑出版，提供期刊论文的书目信息和文摘内容。

（5）期刊论文全文检索工具及系统。这部分主要是由数据库商和出版商编辑出版，提供期刊论文书目信息、文摘信息和全文。

4.1.2 期刊论文信息检索工具及系统一般使用方法

任何检索工具和系统通常都可以提供浏览和检索两种查找信息的功能。因此，针对期刊和期刊论文来讲，查找方式包括浏览方式和检索方式。浏览方式一般可以按照刊名字顺浏览或分类主题浏览。检索方式一般包括简单检索、高级检索、二次检索、历史检索。简单检索通常使用一种字段或多种字段，字段之间的逻辑关系为默认。高级检索即提供布尔逻辑组合等复杂检索功能，可以实现不同字段间的组配检索。同时有些期刊论文数据库，还提供时间、语种、文献类型等限定检索功能。二次检索即在前次检索结果的基础上，通过追加限定条件，进一步缩小检索结果集的范围。历史检索是利用曾进行过的检索式再次进行检索的方式，不需再次输入检索式，直接点击原有的检索式即可。

根据期刊论文的内外特征，期刊检索途径（也可以称检索字段）主要包括：刊名字段、篇名字段（题名）、主题词字段、关键词字段、摘要字段、作者字段、第一作者字段、作者单位字段、基金字段、ISSN 字段等。在不同的数据库系统中，所用名称会不同，如对于刊名字段，有的则用"来源"。

4.2　期刊出版及收藏信息检索

4.2.1　期刊出版信息检索

国内现有期刊出版信息的工具主要包括：期刊指南、中文科技期刊指南、中文期刊大辞典、外国报刊目录；邮局、报刊发行局出版的报刊征订目录；著名出版公司、代理商、学术团体网站。

国内有代表性的是中国图书进出口（集团）有限公司的网站。该公司是一家大型国有文化企业。2002 年成为中国出版集团公司成员单位，主要业务包括出版物进口、出版物出口、数字资源服务、国际会展服务、按需印刷、国际出版、文化贸易、金融地产等。其下属的中图报刊（http://periodical.cnpiec.com.cn/）提供了检索期刊的功能，可以方便地获取国外出版物的编目信息。服务界面如图 4-1 所示。

扫一扫
看彩图

图 4-1　中图报刊检索界面

　　国外现有的期刊出版信息的检索工具和系统有代表性的是乌利希国际期刊指南。乌利希国际期刊指南是著名的综合性国际在版期刊目录指南，它有选择地报道世界各国期刊及其他连续出版物的出版和销售情况。从 1932 年开始出版，收录了 200 种语言的 15 万个出版商的期刊资料，包括 33 万多种期刊的详细书目数据，覆盖 950 个学科。其网络版收录的连续出版物不仅数量多而且更新快（每周更新），检索方式包括快速检索与高级检索两种，可以按照 ISSN、关键词、学科主题、完整刊名、刊名中的关键词等快速查找，也可以按照学科主题、ISSN 或 CODEN 码①、出版国别、语种、分类号、电子版提供商等多种方式浏览。该指南可以用于查找和期刊有关的各类问题，如期刊刊名的变更情况、期刊的网址、期刊被文摘索引数据库收录的情况等。其网络版 Ulrichsweb 为 Ex Libris 的一个产品，Ex Libris 已被 ProQuest 收购。

4.2.2　期刊收藏信息检索

　　期刊是一种重要的学术信息资源，因此各个单位图书馆都会收藏一定数量的期刊，每个单位图书馆网站都提供了本馆期刊收藏信息的目录。此外，国内也有一些期刊的联合目录，主要应用于图书馆的文献传递与共享服务。本节主要介绍较有代表性的几个系统和平台。

　　（1）全国期刊联合目录。其创建于 1983 年，是由中国科学院与高校、公共信息机构建立的联合目录，收录着印刷版的期刊、各种连续出版的会议录、年鉴、报告、指南、学会会志、备忘录以及连续出版的光盘和网上电子期刊等。涉及中、西、日、俄文多文种，覆盖理、工、农、林、医、军事和社会科学等多个学科领域。系统经过升级与维护，现已发展成为中国科学院文献情报中心文献传递系统组成部分。

　　（2）CASHL 的期刊检索与浏览。中国高校人文社会科学文献中心（China Academic Social Sciences and Humanities Library，CASHL）是在教育部领导下，为我国哲学社会科学教学科研提供外文文献及相关信息服务的最终保障平台。截至 2021 年 10 月，可供服务的人文社科核心期刊和重要期刊达到 6.2 万余种、印本图书达 336 万余种、电子资源数据库达 16 种，已拥有近 900 家成员单位。CASHL 提供了"高校人文社科外文期刊目次数据库"和"高校人文社科外文图书联合目录"等数据库，提供数据库检索和浏览、书刊馆际互借与原文传递、相关咨询服务等。就期刊而言，CASHL 平台整合的印本期刊和电子期刊面向全国高校读者提供统一检索、馆际互借和部分章节传递的文献共享服务。印本期刊涵盖了国内 17 所高校图书馆和上海图书馆、中国社会科学院图书馆的近 5 万种；电子期刊涵盖 17 所高校图书馆的近 14 万种。有权限访问电子期刊的院校，可在校园网内直接点击检索结果浏览或下载全文②。

　　（3）国家科技图书文献中心（National Science and Technology Library，NSTL）建设了馆藏资源的联合目录，包括中国科学院文献情报中心、中国科学技术信息研究所、机械工

---

① CODEN 码为一种应用于计算机文献检索的连续出版物的 6 位代码，前 5 位为英文字母，最后一位是校验码。
② 资料来源：http://www.cashl.edu.cn/。

业信息研究院、冶金工业信息标准研究院、中国化工信息中心、中国农业科学院农业信息研究所、中国医学科学院医学信息研究所、中国标准化研究院国家标准馆、中国计量科学研究院文献馆等单位的馆藏资源信息，除了期刊以外，还包括图书、会议文献、学位论文、文集、报告、专利、标准、计量规程等资源类型。国家科技图书文献中心平台提供了期刊浏览和检索服务，期刊浏览可以按字顺、学科、出版者、语种、出版国、出版地、关键词、馆藏单位等多种方式分面浏览，期刊检索可以进行基本检索和高级检索。每一本期刊的详情页提供了期刊的基本编目信息和馆藏信息。

此外，3.2 节介绍的 OPAC 系统，如 WorldCat 和 CALIS，也可以进行期刊收藏信息的检索。

4.3　期刊论文全文信息检索

4.3.1　国内期刊论文全文检索系统选介

1. 中国知网的"中国学术期刊（网络版）"数据库

"中国学术期刊（网络版）"（Chinese Academic Journal Network Publishing Database，CAJD）数据库是中国知网 CNKI 的一个重要组成部分。国家知识基础设施（national knowledge infrastructure，NKI）的概念，由世界银行于 1998 年提出。CNKI 工程是以实现全社会知识资源传播共享与增值利用为目标的信息化建设项目，由清华大学、同方股份有限公司发起，始建于 1999 年 6 月。在党和国家领导以及教育部、中宣部、科技部、国家新闻出版署、国家版权局、国家发展和改革委员会的大力支持下，在全国学术界、教育界、出版界、图书情报界等社会各界的密切配合和清华大学的直接领导下，CNKI 工程集团经过多年努力，采用自主开发并具有国际领先水平的数字图书馆技术，建成了世界上全文信息量规模最大的"CNKI 数字图书馆"，并正式启动建设"中国知识资源总库"及 CNKI 网格资源共享平台，通过产业化运作，为全社会知识资源高效共享提供最丰富的知识信息资源和最有效的知识传播与数字化学习平台。发展至今，中国知网的资源已经覆盖学术期刊、学位论文、会议文献、报纸、年鉴、标准、专利等众多类型，可以进行文献检索、知识元检索和引文检索。

"中国学术期刊（网络版）"是第一部以全文数据库形式大规模集成出版学术期刊文献的电子期刊，是目前具有全球影响力的连续动态更新的中文学术期刊全文数据库。"中国学术期刊（网络版）"还是"十一五"国家重大网络出版工程的子项目，是《国家"十一五"时期文化发展规划纲要》中国家"知识资源数据库"出版工程的重要组成部分。

以学术、工程技术、政策指导、高级科普、行业指导及教育类期刊为主，内容覆盖自然科学、工程技术、农业、哲学、医学、人文社会科学等各个领域。收录国内学术期刊 8540 余种，全文文献总量 5870 余万篇。因知网总库平台升级后提供中英文整合检索，该库默认的检索结果包含知网合作的国外期刊题录数据，只有"中文文献"分组项内的条目是本库全文数据。

产品分为十大专辑：基础科学、工程科技Ⅰ、工程科技Ⅱ、农业科技、医药卫生科技、哲学与人文科学、社会科学Ⅰ、社会科学Ⅱ、信息科技、经济与管理科学。十大专辑下分为 168 个专题。收录着自 1915 年至今出版的期刊，部分期刊回溯至创刊。

该数据库可以提供云租用、云托管、云机构馆托管、本地镜像等多种服务方式。

2．重庆维普的"中文科技期刊数据库"

重庆维普资讯有限公司的前身为中国科技情报研究所重庆分所数据库研究中心，是中国第一家进行中文期刊数据库研究的机构。针对全国高等院校、公共图书馆、情报研究机构、医院、政府机关、大中型企业等各类用户的需求，重庆维普资讯有限公司陆续推出了"中文科技期刊数据库""中国科技经济新闻数据库""中文科技期刊数据库（引文版）""外文科技期刊数据库""中国科学指标数据库"、智立方文献资源发现平台、中文科技期刊评价报告、中国基础教育信息服务平台、维普-Google 学术搜索平台、维普考试资源系统、图书馆学科服务平台、文献共享服务平台、维普期刊资源整合服务平台、维普机构知识服务管理系统、文献共享平台、维普论文检测系统等系列产品。公司网站维普资讯网（https://www.v3.cqvip.com）建立于 2000 年。经过多年的商业运营，维普资讯网已经成为全球著名的中文专业信息服务网站，以及中国最大的综合性文献服务网站之一。

"中文科技期刊数据库"诞生于 1989 年，累计收录期刊 15 000 余种，现刊 9000 余种，文献总量 7000 余万篇。目前，该数据库通过维普资讯网的"中文期刊服务平台"访问和使用。该平台提供了期刊导航、期刊检索、期刊评价等功能。

3．万方数据的"中国学术期刊数据库"

万方数据成立于 1993 年。2000 年，在原万方数据（集团）公司的基础上，由中国科学技术信息研究所联合中国文化产业投资基金、中国科技出版传媒股份有限公司、北京知金科技投资有限公司、四川省科学技术信息研究所和科学技术文献出版社有限公司等五家单位共同发起成立北京万方数据股份有限公司。经过多年的发展，万方数据已经成为集信息内容管理解决方案与知识服务于一体的综合信息内容服务提供商。

万方数据已建成并运行其网络平台"万方数据知识服务平台"。该平台整合了万方数据的多种产品、服务和资源，为用户提供从数据、信息到知识的全面解决方案，服务于国民经济信息化建设，推动全民信息素质的提升。

中国学术期刊数据库（China Online Journals，COJ），收录始于 1998 年，包含 8000 余种期刊，其中包含北京大学、中国科学技术信息研究所、中国科学院文献情报中心、南京大学、中国社会科学院历年收录的核心期刊 3300 余种，年增 300 万篇，周更新 2 次，涵盖自然科学、工程技术、医药卫生、农业科学、哲学政法、社会科学、科教文艺等各个学科。

4.3.2　国内期刊全文数据库使用方法示例

本节以中国知网的"中国学术期刊（网络版）"数据库为例介绍期刊全文数据库的使

用方法。

进入知网主页，可以选择“文献检索”，将文献类型限定为“学术期刊”，也可以点击文献类型中“学术期刊”的链接，进入期刊个性化检索界面。知网提供了一框式检索、高级检索、专业检索、作者发文检索、句子检索等功能。图 4-2 为知网高级检索界面。

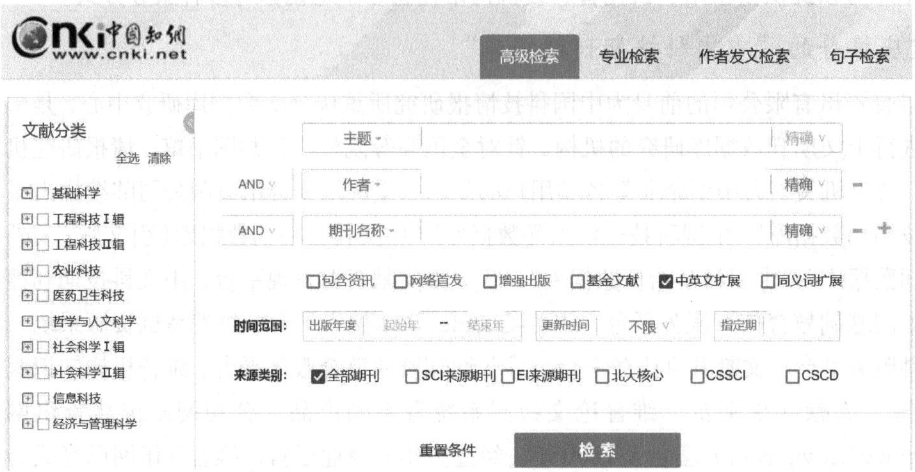

扫一扫
看彩图

图 4-2　知网高级检索界面

高级检索功能可以对多个检索字段进行组配，支持“and”“or”“not”三种布尔逻辑运算符，同一检索字段内的多个检索词也可以进行组合运算，支持“*”“+”“–”三种布尔逻辑运算，同时可以利用单引号或双引号进行词组检索，利用括号调整运算顺序。检索词的匹配方式有“精确”和“模糊”两种。用户检索时，可以通过文献分类、时间范围、来源类别等对检索结果进行限定。检索字段即检索途径或检索入口有多种类型，主要分为篇章信息、作者/机构、期刊信息等三类，如图 4-3 所示。

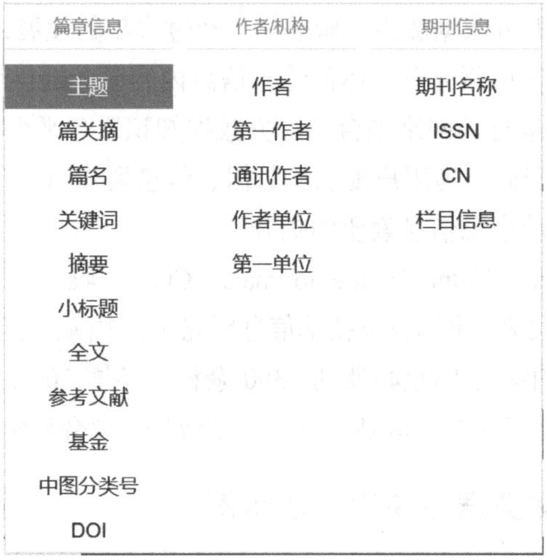

扫一扫
看彩图

图 4-3　知网提供的检索途径

专业检索用于图书情报专业人员查新、信息分析等工作，使用运算符和检索词构造检索式进行检索。专业检索表达式的一般式为"<字段代码> <匹配运算符> <检索值>"，在确定了检索字段构造一般检索式后，借助字段间关系运算符和检索值限定运算符可以构造复杂的检索式。专业检索中支持的字段及代码如下。

SU＝主题，TI＝题名，KY＝关键词，AB＝摘要，FT＝全文，AU＝作者，FI＝第一责任人，RP＝通讯作者，AF＝机构，JN＝文献来源，RF＝参考文献，YE＝年，FU＝基金，CLC＝分类号，SN＝ISSN，CN＝统一刊号，IB＝ISBN，CF＝被引频次。

专业检索中可以应用的运算符也比较丰富，包括匹配运算符、比较运算符、逻辑运算符、复合运算符、位置描述符等多种类型。例如，"SU%＝大数据"，表示检索主题与"大数据"相关的文献；"YE BETWEEN（'2010','2018'）"，表示检索出版年份在 2010 年至 2018 年的文献；"AU＝钱伟长 and AF＝清华大学 and（TI＝物理 or AB＝物理）"，表示检索钱伟长在清华大学期间发表的题名或摘要中都包含"物理"的文章；"KY＝大数据－人工智能"，表示检索关键词包含大数据，但不含人工智能的文献；"FT＝'人工智能%推荐算法'"，表示检索全文某个句子中同时出现"人工智能"和"推荐算法"，且"人工智能"出现在"推荐算法"前面[①]。

作者发文检索通过输入作者姓名及其单位信息，检索某作者发表的文献，功能及操作与高级检索基本相同。句子检索是通过输入的两个检索词，在全文范围内查找同时包含这两个词的句子，找到有关事实的问题答案。

4.3.3　国外期刊论文全文检索系统选介

目前国外已经出版了相当多的期刊全文检索系统，包括综合性的和专业性的。本节对国外主要的综合性期刊论文全文检索系统进行介绍。

1. Elsevier ScienceDirect

Elsevier 是荷兰一家全球著名的学术期刊出版商，每年出版大量的学术图书和期刊，大部分期刊被 SCI、SSCI（Social Sciences Citation Index，社会科学引文索引）、EI（Engineering Index，工程索引）收录，是世界上公认的高品位学术期刊。该公司将其出版的 2500 多种期刊和 11 000 种图书全部数字化，即 ScienceDirect 全文数据库，并通过网络提供服务。该数据库涉及众多学科：计算机科学、工程技术、能源科学、环境科学、材料科学、数学、物理、化学、天文学、医学、生命科学、商业、经济管理、社会科学等。ScienceDirect 全文数据库的数据最早可以追溯到 1995 年。

2. SpringerLink

Springer 于 1842 年在德国柏林创立，是全球大型 STM（science、technology 和 medicine，科学、技术和医学）图书出版商和 STM 期刊出版商，每年出版 8400 余种科技图书和 2200

---

① 示例来源：http://piccache.cnki.net/index/helper/manuals.html#frame2-1-5。

余种领先的科技期刊。SpringerLink 平台整合了 Springer 的出版资源,包括图书、期刊、参考工具书、实验指南等。目前文献数量已经超过千万,其中论文数量已接近 800 万篇,涵盖生物医药、商业与管理、化学、计算机科学、经济学、环境科学、历史、法律等 20 多个学科领域。

3. Wiley Online Library

Wiley 成立于 1807 年,是全球最大的学术出版商之一,面向专业人士、科研人员、教育工作者、学生、终身学习者提供必需的知识和服务。经过 210 多年的发展,Wiley 已经在全球学术出版、高等教育出版和专业及大众图书出版领域建立起了卓越的品牌,成为全球唯一一家业务涵盖这三大领域并处于领先地位的独立出版商,其总部位于美国。Wiley 早期的线上服务平台是 Wiley InterScience,2010 年,Wiley 正式向全球推出了新一代在线资源平台 "Wiley Online Library" 以取代已使用多年的 "Wiley InterScience",所有的内容和许可都已转移至新的平台。Wiley Online Library 收录的资源类型包括期刊、图书以及数百种多卷册的参考工具书、丛书系列、手册和辞典、实验室指南和数据库等,其中期刊涵盖的学科包括化学、高分子与材料科学、物理学、工程学、农业、兽医学、食品科学、医学、护理学、口腔、生命科学、心理学、商业、经济、语言学、新闻传播学、历史学、政治学、社会学、艺术类、人类学等。

4. SAGE Journals

SAGE 出版公司于 1965 年创立于美国,每年出版 1000 余种学术期刊、800 余种人文社科类学术参考类书籍和教科书,以及一系列创新的馆藏参考资源,如期刊数据库、研究方法数据库、视频数据库、商业案例集等。SAGE 电子期刊全文数据库为 SAGE Journals,涵盖教育学、心理学、社会学、传播学、临床医学、公共卫生与护理学、法学与刑法学、政治与国际关系、经济管理、语言、文学与文化研究等众多学科领域。SAGE Journals 包括 SAGE 现刊数据库(SAGE Premier)和 SAGE 回溯期刊数据库(SAGE Deep Backfile Package)。SAGE Premier 包含 900 多种高品质学术期刊,收录年限为 1999 年至今。SAGE Deep Backfile Package 收录 381 种期刊自第一卷第一期至 1998 年的全文,学科范围覆盖商业、人文、社会科学、自然科学、科技和医药等各领域,内容超过 418 000 篇文章,总数多达 460 万页。

5. Taylor & Francis Online

Taylor & Francis 出版集团于 1798 年创建于英国伦敦,已成为世界上最大的学术出版集团之一。Taylor & Francis 的期刊数据库分为 Taylor & Francis ST 和 Taylor & Francis SSH。Taylor & Francis ST(理工科)期刊数据库提供超过 380 种经专家评审的高质量科学与技术类期刊,其中超过 78%的期刊被汤姆森路透科学引文索引收录,内容最早至 1997 年。该科技期刊数据库包含 5 个学科:化学,工程、计算与技术,数学与统计学,物理学,地球、生物与环境食品科学。Taylor & Francis SSH(人文社会科学)期刊数据库提供超过 1450 种经专家评审的高质量期刊,其中近 70%的期刊被 Web of Science 收录,内容最早至 1997

年。该数据库包含 14 个学科：人类学、考古学与文化遗产，艺术与人文，商务、管理与经济，犯罪学与法学，教育学，地理、规划、城市与环境，图书馆与信息科学，媒体、文化与传播研究，心理健康与社会关怀，政治、国际关系与区域研究，心理学，社会学及其相关学科，体育、休闲与旅游，战略、防御与安全研究。

　　除了以上综合性数据库以外，还有一些专业性数据库，如 Emerald 的管理学期刊数据库和工程学期刊数据库，ACM（Association for Computing Machinery，美国计算机协会）的计算机和信息技术领域的 ACM Digital Library，APS（American Physical Society，美国物理学会）的 APS Journals，Kluwer 的法律期刊全文数据库 Kluwer Law Online Journals，等等。

4.3.4　国外期刊全文数据库使用方法示例

　　本节以 Elsevier 的 ScienceDirect 为例介绍国外期刊全文数据库的检索。

　　ScienceDirect 提供了基本检索、高级检索和浏览等三种查找信息的方法。图 4-4 为基本检索界面。

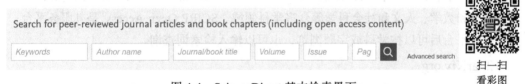

扫一扫
看彩图

图 4-4　ScienceDirect 基本检索界面

　　基本检索提供了关键词、作者、期刊/图书题名、卷、期、页码等检索入口，用户在相应框中输入检索指令即可进行查询。

　　高级检索提供了更多元的检索字段，字段之间通过组合可以构成更为复杂的检索式。主要的检索字段如下。

　　"Find articles with these terms"，系统将会在文献全文中查找特定关键词（包括参考文献）。

　　"In this journal or book title"，系统将在题名中查找特定关键词。

　　"Title, abstract, or author-specified keywords"，系统将在题名、摘要或作者等字段中查找特定关键词。

　　此外，还包括出版年、作者、作者机构、卷/期/页码、题名、参考文献、ISBN 或 ISSN等检索入口。

　　高级检索支持 and、or、not 等布尔运算符，可以使用括号改变运算顺序，引号表示短语检索。

　　ScienceDirect 将资源分为物理科学和工程学、生命科学、健康科学、人文社会科学等大类，每一大类下进一步细分，用户可以点击具体学科领域浏览相应期刊，也可以按期刊名称的字顺浏览。

4.3.5 开放获取期刊

开放获取（open access，OA）期刊是一种免费的网络期刊，旨在使所有用户都可以通过互联网无限制地访问期刊论文全文。此种期刊一般采用作者付费出版、读者免费获得、无限制使用的运作模式，论文版权由作者保留。在论文质量控制方面，OA 期刊与传统期刊类似，采用严格的同行评审制度。OA 期刊不再利用版权限制获取和使用所发布的文献，而是利用版权和其他工具来确保文献可永久公开获取。采用 OA 出版模式的期刊，一部分是新创办的电子期刊，也有一部分是由传统期刊转变而来。

国内外有众多 OA 期刊的平台，如国家科技图书文献中心建设的"中国预印本服务系统"、教育部主办的"中国科技论文在线"等。随着开放获取运动的不断发展，这类网站的数量将会不断增长。本节对国内外主要的期刊 OA 平台进行介绍。

1. SCIRP Open Access

SCIRP（Scientific Research Publishing，美国科研出版社）是全球最大的 OA 期刊出版商之一，目前在线出版超过 200 种同行评议的 OA 期刊，涵盖生物医药和生命科学、商业和经济、化学和材料科学、计算机和通信科学、地球和环境科学、工程学、医药和健康护理、物理和数学、人文和社会科学等众多学科领域。SCIRP Open Access[1]是其服务平台，用户进入平台后可以按学科或字顺浏览，也可以输入检索词查询。

2. arXiv.org

arXiv.org[2]是数字开放获取领域的先驱，为研究者提供交流研究的平台。由 Paul Ginsparg 于 1991 年创建，目前由美国康奈尔大学维护和运营。该平台上的期刊涵盖物理学、数学、计算机科学、定量生物学、定量金融、统计学、电气工程和系统科学以及经济学等八个学科领域，目前拥有近 200 万篇学术文章。arXiv.org 为研究人员提供了广泛的服务：文章提交、编辑、制作、检索、搜索和发现、面向人类读者的 Web 分发、面向机器的 API（application program interface，应用程序接口）访问以及内容管理和保存。

3. DOAJ

DOAJ（Directory of Open Access Journals，开放获取期刊目录）[3]是由瑞典隆德大学图书馆创建和维护的 DOAJ。该目录涵盖了免费的、可获取全文的、高质量的学术期刊。DOAJ的优势在于对收录的期刊有着严格的质量控制，包括很多 SCI 收录的期刊。DOAJ 平台上目前共有期刊 17 380 种，文章数量已经超过 700 万，涵盖 80 个语种。

4. 中国科技论文在线

中国科技论文在线[4]是经教育部批准，由教育部科技发展中心（现为教育部高等学校

---

① 网址：https://www.scirp.org/index.aspx。

② 网址：https://arxiv.org/。

③ 网址：https://www.doaj.org/。

④ 网址：http://www.paper.edu.cn/。

科学研究发展中心）主办，针对科研人员普遍反映的论文发表困难，学术交流渠道窄，不利于科研成果快速、高效地转化为现实生产力而创建的科技论文网站。中国科技论文在线将服务的对象分为完善注册用户、简易注册用户和非注册用户三类。非注册用户只能以访客的身份，对网站进行部分检索、浏览和下载；简易注册用户可以使用网站除投稿首发论文以外的所有功能；注册用户完善个人信息后，拥有首发论文投稿权限。目前已收录近千家科技期刊、逾 130 万篇各领域科技论文全文，全部可以免费下载。网站提供了高级检索、全文检索两种检索方式，高级检索用户可根据所知信息输入检索词，按题目、关键字、作者和摘要在全库、在线发表论文库、优秀学者论文库、高校期刊论文库等数据库中进行检索。同时为了适当的限制检索范围，要求对检索的论文进行时间指定；全文检索则可在文献全文中检索。

4.4　期刊论文引文检索

引文就是通常所说的参考文献。文献的相互引证直接反映学术研究之间的交流与联系，通过引文检索可查找相关研究课题早期、当时和最近的学术文献，可以了解文献之间的内在联系。进而可以有效地揭示过去、现在、将来的科学研究之间的内在联系，揭示科学研究中所涉及的各个学科领域的交叉联系，协助研究人员迅速地掌握科学研究的历史、发展和动态；可以从文献引证的角度为文献计量学和科学计量学提供重要的研究工具，分析研究文献的学术影响，把握研究趋势，从而不断推动知识创新；可以较真实客观地反映作者的论文在科研活动中的价值和地位。本节对国内外主要的期刊论文引文检索系统进行介绍。

4.4.1　Web of Science

1. Web of Science 概述

SCI（创立于 1963 年）、SSCI（创立于 1973 年）以及 AHCI（Arts & Humanities Citation Index，艺术与人文引文索引，创立于 1978 年）是著名的三大引文数据库，由 ISI（Institute for Scientific Information，美国科学信息研究所）创建。

1997 年，Thomson 公司将 SCI、SSCI 以及 AHCI 整合，利用互联网开放环境，创建了网络版的多学科文献数据库——Web of Science。2016 年 7 月，Onex Corporate 与 Baring Private Equity Asia 完成对 Thomson Scientific 的收购，将其更名为科睿唯安（Clarivate Analytics）。

发展至今，Web of Science 已成为一个综合性的信息服务平台，支持自然科学、社会科学、艺术与人文学科的文献检索，数据来源于期刊、图书、专利、会议录、网络资源（包括免费开放资源）等。用户可以同时对该平台上已订购的所有数据库进行跨库检索或选择其中的某个数据库进行单库检索。

Web of Science 平台整合了多个数据集合，包括 Web of Science Core Collection（WOS核心集，WOSCC）、BIOSIS Previews（生物科学文摘数据库，BP）、Data Citation Index（数据引文索引，DCI）、Derwent Innovations Index（德温特专利索引，DII）、MEDLINE（医学文献数据库）、SciELO Citation Index（科技电子在线图书馆引文索引）、Chinese Science Citation Database（中国科学引文数据库，CSCD）、KCI Korean Journal Database（KCI 韩国期刊数据库）、Russian Science Citation Index（俄罗斯科学引文索引）等。

WOSCC 是世界上有影响的多学科的学术文献文摘索引数据库，包含 10 个子库，数据库每日更新。其中，三大引文数据库（SCI、SSCI 和 AHCI）数据来源于自然科学、社会科学、艺术及人文科学等多学科领域的超过 2.1 万种同行评审的高质量期刊。Conference Proceedings Citation Index-Science（会议引文索引-自然科学版，CPCI-S）和 Conference Proceedings Citation Index-Social Sciences & Humanities（会议引文索引-社会科学与人文科学版，CPCI-SSH）是会议论文引文数据库，数据来源于自然科学、社会科学及人文科学等多学科领域的国际会议录。Book Citation Index-Science（图书引文索引-自然科学版，BKCI-S）和 Book Citation Index-Social Sciences & Humanities（图书引文索引-社会科学与人文科学版，BKCI-SSH）是图书引文数据库，数据来源于超过 10 万种 2005 年至今出版的、从全球甄选的学术专著和丛书，记录对图书及其中的章节进行深入标引，充分揭示各章节的被引用情况。Current Chemical Reactions（近期化学反应）和 Index Chemicus（化合物索引）是两个化学数据库，Current Chemical Reactions 收录了来自期刊和专利文献的一步或多步新合成方法，Index Chemicus 则收录世界上有影响的期刊报道的新颖有机化合物，两个化学数据库可以用结构式、化合物和反应的详情和书目信息进行检索。WOSCC 中还有一个 Emerging Sources Citation Index（新兴资源引文索引，ESCI），为及时反映全球快速增加的科技和学术活动，ESCI 收录数千种尚处于严格评审过程、后期可能进入上述三大期刊引文数据库（SCI、SSCI 和 AHCI）的期刊，关注重点为一些区域的重要期刊、新兴研究领域以及交叉学科。因而 ESCI 成为上述三个期刊引文数据库的有益补充。

利用引文数据库，用户不仅可以用主题、著者、刊名、和著者地址等途径进行检索，还可以用被引用文献的著者和来源进行检索。

2. Web of Science 的使用

Web of Science 提供基本检索、高级检索、被引参考文献检索、作者检索等功能。

基本检索具有多种检索途径，并且可以设置多种限制条件，多个检索字段可以利用布尔运算符组合检索。高级检索使用字段标识符、布尔运算符、括号等创建检索式进行检索。在获取检索结果后，可以利用文献类型、学科领域等优化检索结果。在勾选需要的结果后，可以保存、打印、导出检索结果。

被引参考文献检索可以检索特定文献的引用情况，提供了从引文查找来源文献的途径。Web of Science 提供了多种引文检索途径，界面如图 4-5 所示。

图 4-5　Web of Science 被引参考文献检索界面

扫一扫
看彩图

利用 Web of Science 数据库进行常规检索或引文检索时，如果某个检索策略（即检索式）要被经常地使用，可以将此检索策略保存起来。

4.4.2　中文引文索引

1. 中国科学引文数据库

中国科学引文数据库（Chinese Science Citation Database，CSCD）创建于 1989 年，收录我国数学、物理、化学、天文学、地学、生物学、农林科学、医药卫生、工程技术和环境科学等领域出版的中英文科技核心期刊和优秀期刊千余种。中国科学引文数据库内容丰富、结构科学、数据准确。系统除具备一般的检索功能外，还提供新型的索引关系——引文索引，使用该功能，用户可迅速从数百万条引文中查询到某篇科技文献被引用的详细情况，还可以从一篇早期的重要文献或著者姓名入手，检索到一批近期发表的相关文献，对交叉学科和新学科的发展研究具有十分重要的参考价值。中国科学引文数据库还提供了数据链接机制，支持用户获取全文。

中国科学引文数据库具有建库历史最为悠久，专业性强，数据准确规范，检索方式多样、完整、方便等特点，自提供使用以来，深受用户好评，被誉为"中国的 SCI"。

中国科学引文数据库是我国第一个引文数据库。曾获中国科学院科技进步二等奖。1995 年中国科学引文数据库出版了我国的第一本印刷本《中国科学引文索引》，1998 年出版了我国第一张中国科学引文数据库检索光盘，2003 年中国科学引文数据库上网服务，推出了网络版。2007 年中国科学引文数据库与美国 Thomson-Reuters Scientific 合作，中国科学引文数据库以 ISI Web of Knowledge 为平台，实现与 Web of Science 的跨库检索，中国科学引文数据库是 ISI Web of Knowledge 平台上第一个非英文语种的数据库。

科技论文的产出是一个国家科研水平的一种具体体现，利用科技论文统计数据可以从一个方面勾勒出一个国家科技发展的宏观状态，中国科学引文数据库课题组利用中国科学引文数据库和美国的 SCI 数据库，对我国的科技论文进行了详细的统计，力图多角度地展现我国科学研究的成果。这一数据库即中国科学文献计量指标数据库（CSCD ESI Annual Report）。该指标数据库自 1999 年开始，持续描绘了每年度我国科技论文产出和影响力的宏观状况，可以辅助科研管理部门、科学研究人员了解我国的科技发展的动态。

中国科技期刊引证指标数据库（CSCD JCR Annual Report）是根据中国科学引文数据库年度期刊指标统计数据创建的。该统计数据以 CSCD 核心库为基础，对刊名等信息进行了大量的规范工作，所有指标统计遵循文献计量学的相关定律及统计方法，这些指标如实反映国内科技期刊在中文世界的价值和影响力。

2. 中文社会科学引文索引

由南京大学研制成功的中文社会科学引文索引（Chinese Social Sciences Citation Index，CSSCI）是国家、教育部重点课题攻关项目。CSSCI 遵循文献计量学规律，采取定量与定性评价相结合的方法从全国 2700 余种中文人文社会科学学术性期刊中精选出学术性强、编辑规范的期刊作为来源期刊。现已开发的 CSSCI（1998～2021 年）23 年数据，来源文献近 100 万余篇，引文文献 600 余万篇。该项目成果填补了我国社会科学引文索引的空白，达到了国内领先水平。

作为我国人文社会科学主要文献信息查询与评价的重要工具，CSSCI 提供多种信息检索途径。来源文献检索途径包括篇名、作者、作者所在地区机构、刊名、关键词、文献分类号、学科类别、学位类别、基金类别及项目、期刊年代卷期等。被引文献的检索途径包括被引文献、作者、篇名、刊名、出版年代、被引文献细节等。优化检索包括精确检索、模糊检索、逻辑检索、二次检索等。检索结果按不同检索途径进行发文信息或被引信息分析统计，并支持文本信息下载。

对于社会科学研究者，CSSCI 从来源文献和被引文献两个方面向研究人员提供相关研究领域的前沿信息与各学科学术研究发展的脉搏，通过不同学科、领域的相关逻辑组配检索，挖掘学科新的生长点，展示实现知识创新的途径。对于社会科学管理者，CSSCI 提供地区、机构、学科、学者等多种类型的统计分析数据，从而为制定科学研究发展规划、科研政策提供科学合理的决策参考。对于期刊研究与管理者，CSSCI 提供多种定量数据：被引频次、影响因子、即年指标、期刊影响广度、地域分布、半衰期等，通过多种定量指标的分析统计，可为期刊评价、栏目设置、组稿选题等提供科学依据。CSSCI 也可为出版社与各学科著作的学术评价提供定量依据。

CSSCI 数据库已向社会开展网上包库服务。目前，教育部已将 CSSCI 数据作为全国高校机构与基地评估、成果评奖、项目立项、名优期刊的评估、人才培养等方面的重要指标。CSSCI 数据库已被北京大学、清华大学、中国人民大学、复旦大学、国家图书馆、中国科学院等 100 多个单位包库使用，并作为地区、机构、学术、学科、项目及成果评价与评审的重要依据。

4.5 期刊论文文摘题录检索

文摘是检索刊物中描述文献内容特征（文献提要）的条目（也包括题录部分），是一种文献著录的结果。根据国际标准 ISO 214—1979（E）的规定，文摘是"一份文献内容的缩短的精确表达而无须补充解释或评论"。中国国家标准《检索期刊条目著录规则》（GB 3793—83）规定，文摘是"对文献内容作实质性描述的"文献条目。具体地说，文摘是简明、确切地记述原文献重要内容的语义连贯的短文。文摘可以分为报道性文摘和指示性文摘。报道性文摘是对原始文献进行浓缩的文摘。指示性文摘是根据原文编写的带有评价的文摘。文摘题录型检索工具或系统是重要的获取文献信息的来源之一。本节对国内外主要的期刊论文文摘题录型检索系统进行介绍。

4.5.1　《工程索引》

美国《工程索引》（*The Engineering Index*，EI）创刊于 1884 年，由美国工程信息公司（The Engineering Information Inc.）编辑出版，是一部综合性报道世界范围工程技术领域文献的文摘检索工具。

EI 收录范围涉及工程技术各个领域，而纯理论文献和专利一般不收录。收录了世界上 50 多个国家 26 种文字的出版物，主要包括期刊论文（收录文章摘要），同时也收录部分会议文集和技术报告。另外还包括少量技术图书、学位论文、政府出版物等。

EI 的出版形式多样，有印刷型的月刊和年刊，有计算机磁带、缩微胶带、光盘版、网络数据库等多种。EI Compendex 数据库创建于 1969 年，原为供计算机用户快速查找的机读磁带，有光盘版和网络版。EI 同时还编制有 EI PageOne 数据库，收录期刊面比前者宽，为题录数据库（不收文章摘要）。后期 EI 将两个数据库统一为 EI Compendex Web 数据库，并集成在 EI Engineering Village 信息服务中通过互联网提供给用户。目前，Engineering Village 除了 EI Compendex 数据库以外，还提供了对 Inspec-IET、GEOBASE、GeoRef-AGI、US Patent-USPTO & EU Patents-EPO、NTIS 等多个数据库的访问。

EI Engineering Village 目前由美国工程信息公司运营。EI Compendex 数据库是目前全球最全面的工程领域二次文献数据库，涵盖一系列工程、应用科学领域高品质的文献资源，涉及机械工程、土木工程、环境工程、电气工程、结构工程、材料科学、固体物理、超导体、生物工程、能源、化学和工艺工程、照明和光学技术、空气和水污染、固体废弃物的处理、道路交通、运输安全、控制工程、工程管理、农业工程和食品技术、计算机和数据处理、电子和通信、石油、宇航、汽车工程以及这些领域的子科学和其他主要的工程领域。数据库拥有超过 1630 余万条记录，每年收录超过 3600 种期刊，4100 会议录和行业杂志，涵盖 190 余个工程和应用科学领域的资料，在线内容收录年代为 1969 年至今。

Engineering Village 提供了快速检索、专家检索和词表检索等功能。快速检索以关键词搭配字段勾选来做检索。可选择的字段包括摘要（abstract）、作者（author）、标题（title）、出版社（publisher）、来源刊名（source title）或控制词汇（controlled term）等。在用户输入关键词时，Engineering Village 可以提供控制词汇的自动提示，在输入三个英文字后，自动提供索引词典内的相关控制词汇让使用者挑选，帮助使用者更快速和准确地做检索。用户可以点击"Add search field"依照检索需求增加关键词及其所在字段。用户使用快速检索时，可以对数据库、文献类型、语种等进行限定。在快速检索的界面，用户还可以点击"Browse indexes"利用索引功能浏览/查询作者、作者所在机构、控制词汇、来源刊名和出版社。

Engineering Village 专家检索界面如图 4-6 所示。

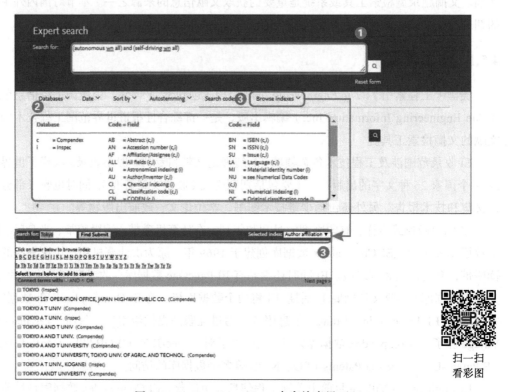

图 4-6　Engineering Village 专家检索界面

专家检索直接在图 4-6 中"Search for"框中输入检索式进行检索。图中②所示为专家检索使用的字段代码，点击"Search code"可以展开查看，方便用户使用。点击"Browse indexes"可利用索引功能浏览/查询作者、作者所在机构、控制词汇、语言、期刊名称、文件类型、出版社和学科领域等，如图 4-6 中③所示。

Engineering Village 在快速检索和专家检索中都提供了供 stemming（词根检索）功能。stemming 能将所有和输入的关键词相关的词汇一起做检索（相关的词汇是指含有与关键词相同的后缀、字根、名词/动词/形容词等形式变化的字），扩大检索范围。Engineering Village 支持词组检索（双引号）、截词检索（"*"和"？"）、布尔检索（and、or、not）等功能。

Engineering Village 建立了受控词表以支持信息的组织与检索，该词表目前可以用于 Inspec、Compendex、GeoRef 以及 GEOBASE 等数据库。在快速检索和专家检索中，用户可以浏览或查询受控词表以辅助检索。Engineering Village 提供了专门的词表检索功能，可利用主题词表，自动生成工程专用同义词汇，提高检索效率。

4.5.2　《科学文摘》

《科学文摘》（*Science Abstract*，SA），创刊于 1898 年。SA 由英国电气工程师学会（Institution of Electrical Engineers，IEE）和美国电气与电子工程师协会（Institute of Electrical and Electronics Engineers，IEEE）联合编辑。这套文摘刊物历史悠久，内容丰富，是查找物理、电子工程、电子学、计算机、自动控制以及信息技术等方面文献的重要检索工具。SA 有多种出版形式，包括印刷版的月刊文摘本、半年度累积索引、多年度累积索引，缩微胶卷，计算机阅读磁带版，网络版 Inspec 数据库，光盘版 Inspec Ondisc。

INSPEC 覆盖了全球发表在相关学科领域的 4200 种期刊（其中 1/5 为全摘），2000 种以上会议录、报告、图书等，文献来自于 80 多个国家和地区，涉及 29 种语言，收录年代自 1969 年开始，数据量已达 660 万条记录，内容包括：物理、电气工程、电子、通信、控制工程、计算机和计算科学以及信息技术等科技文献。

目前，INSPEC 数据库在 Engineering Village 平台提供访问。

4.5.3　《化学文摘》

《化学文摘》（*Chemical Abstracts*）简称 CA，是世界最大的化学文摘库，也是世界上应用最广泛，最为重要的化学、化工及相关学科的检索工具。创刊于 1907 年，由美国化学学会化学文摘社（Chemical Abstracts Service，CAS）编辑出版。CA 报道的内容几乎涉及了化学家感兴趣的所有领域，其中除包括无机化学、有机化学、分析化学、物理化学、高分子化学外，还包括冶金学、地球化学、药物学、毒物学、环境化学、生物学以及物理学等诸多学科领域。自 1975 年第 83 卷起，CA 的全部文摘和索引采用计算机编排，报道时差从 11 个月缩短到 3 个月，美国国内的期刊及多数英文书刊在 CA 中当月就能报道。

SciFinder 是 CA 的在线服务平台，提供全球最大、最权威的化学及相关学科文献、物质和反应信息。SciFinder 涵盖了化学及相关领域如化学、生物、医药、工程、农学、物理等多学科、跨学科的科技信息。SciFinder 收录的文献类型包括期刊、专利、会议论文、学位论文、图书、技术报告、评论和网络资源等。SciFinder 覆盖的数据库包括 CAS REGISTRY、CAplus、CASREACT、CHEMLIST、CHEMCATS 等。可以从主题、作者名、机构名、期刊名称、文献标识符、专利信息等检索文献，也可以从物质、反应检索文献。除了文献检索以外，SciFinder 还提供结构式检索、分子式检索、理化性质检索、物质标识符检索等物质检索功能，此外，还提供了 Markush 检索、反应检索、案例分析等功能。

4.6　本 章 实 验

实验名称： 期刊论文检索。
实验目的： 熟悉和掌握期刊论文信息检索的工具和方法。

实验内容：

（1）查询期刊出版情况：查询我国都正式出版发行了哪些包含"情报"的期刊，可利用哪些系统？请利用一个最合适的系统进行检索并给出具体数量。

（2）查询我国期刊收藏情况：选择一种馆藏联合目录检索出收藏有"情报学报"期刊的图书馆的数量。注意写明所使用的检索系统名称，以及检索途径。

（3）查询期刊论文：利用中国知网期刊库，检索出 2015～2020 年发表的主题中包含"信息检索"的文章，写出共有多少篇；写出有多少篇是发表在核心期刊上的；写出其中有多少篇是国家自然科学基金项目的成果，多少篇是国家社会科学基金的成果；写出都涉及哪些学科类别（最多写出两个）。

（4）查询属于特定国家课题成果的期刊论文：利用上步的检索结果，选择一个国家自然科学基金项目的成果，检索出到目前为止中国知网收录的全部该基金项目的文章，写出共有多少篇，写出其中 1 篇篇名。

（5）查询英文期刊论文：请用学校图书馆购买的一种外文数据库（如 Wiley、ScienceDirect 等），查找有关博弈论（game theory）方面的论文。写出其中一篇论文的题目、作者和期刊出处。

实验步骤：

（1）点击进入"中图报刊"（http://periodical.cnpiec.com.cn/），进入高级检索，在"刊名"字段中输入"情报"，点击提交获取结果信息。

（2）进入 CALIS 联合目录系统的简单检索，"题名"字段输入"情报学报"，提交检索获取结果，在"收藏"字段下点击查看馆藏信息。

（3）点击进入中国知网主页，进入期刊检索，选择高级检索，"主题"字段输入"信息检索"，"年限"输入 2015～2020 年，提交检索；利用结果页面左侧的限制条件，可以获取核心期刊、自然科学基金、社会科学基金、学科类别等对应的期刊数量。

（4）对上一项检索的结果进行调整，利用结果页面的限制选项，将结果限定为"国家自然科学基金"，选择一项进入论文的详情页，点击"基金资助"后面的基金信息对应的链接，可以查看该基金已发文献的信息。

（5）进入 Wiley 数据库或其他数据库，输入检索词"game theory"进行检索。

第5章 特种文献信息检索

5.1 特种文献信息检索概述

特种文献是指出版发行和获取途径都比较特殊的科技文献。特种文献一般包括会议文献、科技报告、专利文献、学位论文、标准文献、科技档案、政府出版物等类型。特种文献特色鲜明、内容广泛、数量庞大、参考价值高，是非常重要的信息源，在文献检索中占有重要地位。

一般来讲，文献检索要检索各种类型的文献，包括图书、期刊、会议文献、学位论文、科技报告等。特种文献是文献检索中非常重要的一部分资源，它们在科学研究中有着重要的参考价值。特种文献一方面可以通过搜索引擎进行比较宽泛的查找，另一方面可以利用一些专门的数据库和网站进行检索和获取。本章主要探讨专利文献、标准文献、政府文献、会议文献和学位论文文献等几种特种文献的检索。

5.2 专利信息检索

5.2.1 概述

1. 专利的基本知识

专利制度是国际上通行的一种利用法律和经济的手段推动技术进步的管理制度。专利制度的雏形萌芽于中世纪的欧洲，1474 年威尼斯共和国发布《威尼斯专利法》，为现代专利法律奠定了基础，1624 年，英国的《垄断法》开始实施，其明确规定了专利法的一些基本范畴，被公认为现代专利法的鼻祖。《中华人民共和国专利法》自 1985 年 4 月 1 日起施行。

对技术发明给予法律保护的、技术专有的权利称为专利。专利是专利权的简称。专利权与商标权、工业品外观设计等一道构成工业产权，工业产权与版权构成知识产权。

在专利类型的划分上，各国专利法的规定不尽相同，我国专利法规定专利类型有三种：①发明专利，保护期 20 年；②实用新型专利，保护期 10 年；③外观设计专利，保护期 10 年。

专利具有新颖性、先进性和实用性的特征。新颖性是指发明创造必须是新的、前所未有的技术。先进性是指与以前已有的技术相比，该发明有突出的实质性特点和显著的进步。实用性是指能够制造或者使用并能产生积极效果。专利技术（成果）具有独占性、排他性、地域性和时间性的特点。独占性指权利人对其专利成果具有独立的占有、使用、处分权。

排他性指同一技术内容及复杂程度的专利申请只能授予一次专利权。地域性指在一定的国家或地区享有专利权。时间性指在一定的时间内享有专利权。

专利审查制度是指国家专利行政部门受理专利申请后，依照本国专利法的规定进行审查的制度。符合专利法规定的，授予专利权。常见的专利审查制度类型有三种：形式审查制、实质审查制、延迟审查制。①形式审查制，也称"登记制"。主要对该专利申请的申请文件及相关手续、文件的格式、缴纳申请费等形式上的条件进行审核，审查合格后，即予登记，授予专利权。形式审查制对专利申请的新颖性、创造性、实用性等实质条件不予审查。形式审查制的优点是专利申请审批快，费用低，不需要设置庞大的审查机构和大量文献资料；缺陷是对申请专利发明创造的价值不清楚，不能保证批准的专利质量，授予的专利权不可靠，容易产生纠纷等。②实质审查制，也称"完全审查制度"。对专利申请进行形式审查时，还对该发明创造进行新颖性检索，并制定审查报告。审查报告制比登记制优越之处在于，它使专利申请人或者关系利害人清楚地了解该发明是否具有新颖性，但它不能有效防止缺乏创造性的发明创造被授予专利权。③延迟审查制，也称"早期公开请求审查制"。即专利局在对专利申请案进行形式审查之后，不立即进行实质审查，而是先将申请案公开，申请人可以自申请日起法定期限内的任意时间请求实质审查，待申请人提出实质审查请求之后，在已公开的情况下，专利局才进行实质审查。申请人在法定期限内不提出实质审查请求则被视为自动撤回申请。

专利权人是享有专利权的主体，包括发明人、设计人所在单位，发明人、设计人，共同发明人、共同设计人等。专利发明人、申请人、专利权人，可以是同一个人（自然人），其发明人必须是自然人，申请人则可以是自然人，也可以是工矿企业、大专院校、事业单位。专利申请人是专利权人（自然人、工矿企业、大专院校、事业单位），专利发明人不一定是专利权人，也不一定是专利申请人。专利权受让人是指通过合同或继承而依法取得该专利权的单位或个人。

2. 专利文献的基本知识

专利文献是专利制度的产物，是记录有关发明创造信息的文献。广义的专利文献包括专利申请书、专利说明书、专利公报、专利检索工具以及与专利有关的一切资料；狭义的专利文献仅指各国专利局及国际性专利组织在审批专利过程中产生的官方文件及其出版物的总称。专利文献内容集技术、法律、经济信息于一体，数量大，新颖、实用，分类逐渐趋向统一，撰写格式标准。

专利说明书是专利文献的主体，它是个人或企业为了获得某项发明的专利权，在申请专利时必须向专利局呈交的有关该发明的详细技术说明。专利说明书包括扉页、权利要求书、说明书正文、说明书附图、检索报告等。①扉页是揭示每件专利的基本信息的文件部分。包括专利说明书的第一页和续页。类似图书的标题页，是专利说明书的一览表，记载专利申请人、申请日、发明名称、专利技术简要的介绍和附图等内容，可区分为著录项目、摘要和附图。②权利要求书记载申请人要求保护的技术内容。③说明书正文是清楚完整地描述发明创造的技术内容的文件部分，其详尽程度要求达到所属技术领域的技术人员能够实现。④说明书附图用直观、形象的方式解释技术内容。⑤检索报告是专利审查员通过对专利申请所涉及的发明创造进行现有技术检索，找到可进行专利性对比的文件，向专利申请人及公众展示检索结果的一种文件。

专利公报是专利局定期（每周、每月或每季）公布新收到或批准的专利的刊物，一般有发明内容摘要。专利说明书和专利公报是重要的专利文献。

为易于识别和查找专利文献的著录项目内容，便于计算机存储与检索，自 1973 年起各国专利局出版的专利文献开始标注由世界知识产权组织（World Intellectual Property Organization，WIPO）巴黎联盟专利局间情报检索国际合作委员会（Paris Union Committee for International Cooperation in Information Retrieval among Patent Offices，ICIREPAT）规定使用的专利文献著录数据代码，即 INID 代码 [internationally agreed numbers for the identification of（bibliographic）data]。这种代码由圆圈或括号所括的两位阿拉伯数字表示。部分示例如下。

（10）文献标志

（11）文献号

（12）文献种类文字释义

（13）根据 WIPO 标准 ST.16 制定的文献种类代码

（15）有关专利修正的信息

3. 专利信息检索的基本知识

专利信息检索包括专利技术信息检索、专利性检索（如新颖性检索、创造性检索）、侵权检索、专利法律状态检索、同族专利检索、技术引进检索。

专利技术信息检索是从任意一个技术主题对专利文献进行检索，从而找出一批参考文献的过程。

专利性检索是检索者为了确定申请专利的发明创造是否具有新颖性、创造性，是否可以被授予专利权所开展的检索。

侵权检索包括防止侵权检索和被动侵权检索。防止侵权检索是指为了避免发生专利纠纷而主动对某一新技术、新产品进行专利检索，其目的是要找出可能受到其侵害的专利。被动侵权检索则是指被别人指控侵权时进行的专利检索，其目的是要找出对受到侵害的专利提无效诉讼的依据。

专利法律状态检索是对专利的时间性和地域性进行的检索，分为专利有效性检索和专利地域性检索。专利有效性检索是指对一项专利或专利申请当前所处的状态进行的检索，其目的是了解该项专利是否有效；专利地域性检索是指对一项发明创造在哪些国家和地区申请了专利进行的检索，其目的是确定该项专利申请的国家范围。

同族专利检索是指对一项专利或者专利申请在其他国家申请专利并被公布等有关情况进行的检索，目的是找出该专利或者专利申请在其他国家公布的文献（专利）号。

技术引进检索是一种综合性检索，是指将专利技术信息检索和专利法律状态检索结合到一起交叉进行的专利文献检索，目的是为对引进的技术做综合性评价提供依据。

专利信息检索的基本方法包括主题检索、名称检索和号码检索。主题检索包括分类检索和关键词检索。名称检索包括发明人、设计人检索和专利申请人、专利权人、专利受让人检索。号码检索包括申请号检索、优先权检索和文献号（专利号）检索。

5.2.2　国内专利文献检索系统选介

目前，中国知网、万方数据的资源集合均收录了专利文献，可以通过其综合服务平台检索利用。中国科学院文献情报中心的知识服务平台和国家科技图书文献中心的在线服务平台也可以检索专利文献。本节主要介绍专门的专利检索与服务系统。

中国专利公布公告网是国家知识产权局主办的在线专利信息检索平台[①]。数据库收录了自 1985 年 9 月 10 日以来公布公告的全部中国专利信息，包括：①发明公布、发明授权（1993 年以前为发明审定）、实用新型专利（1993 年以前为实用新型专利申请）的著录项目、摘要、摘要附图，其更正的著录项目、摘要、摘要附图（2011 年 7 月 27 日及之后），以及相应的专利单行本（包括更正）。②外观设计专利（1993 年以前为外观设计专利申请）的著录项目、简要说明及指定视图，其更正的著录项目、简要说明及指定视图（2011 年 7 月 27 日及之后），以及外观设计全部图形（2010 年 3 月 31 日及以前）或外观单行本（2010 年 4 月 7 日及之后）（均包括更正）。③事务数据。平台主页如图 5-1 所示。

图 5-1　中国专利公布公告主页

系统提供了快速查询、事务查询、专利公报查询、高级查询、IPC 分类查询[②]和 LOC 分类查询[③]等功能。快速查询可以输入关键词或号码点击"查询"检索。事务查询通过选择专利类型、事务数据类型、申请号、事务数据公告日、事务数据信息进行查询。专利公报查询可以按年份浏览查询三类专利的公报信息。高级查询提供了多种检索途径，如图 5-2 所示。

IPC 分类查询和 LOC 分类查询可以按关键词查询分类号，也可以输入分类号查含义。IPC 是一部用于专利文献分类的等级列举式分类法，将与发明专利有关的全部技术内容按

---

① 网址：http://epub.cnipa.gov.cn/。

② IPC 表示 international patent classification，国际专利分类。

③ LOC 表示 Locarno classification，洛迦诺分类。

图 5-2　中国专利公布公告高级检索页面

PCT 表示 patent cooperation treaty，专利合作条约

部、分部、大类、小类、主组、分组等逐级分类，组成完整的等级分类体系，全表共分 8 个部，20 个分部。LOC 表即洛迦诺分类表（国际外观设计分类表），表中对 32 个大类和 223 个小类的不同类型产品建立了外观设计分类，由世界知识产权组织编发。

5.2.3　国外专利文献检索系统选介

1. Derwent Innovations Index

德温特出版公司专利检索系统是英国德温特出版公司 1951 年创建的专利文献检索系统。开始时按国别，1963 年后按专业提供多种载体的英文专利题录和文摘。1978 年开始提供联机检索服务。现在已经归属美国 ISI，集成到 Web of Science 平台。

Derwent Innovations Index（德温特专利索引，DII），是以德温特世界专利索引（Derwent World Patent Index）和德温特专利引文索引（Derwent Patents Citation Index）为基础形成的专利信息和专利引文信息数据库，是世界上最大的专利文献数据库。收录了来自全球 41 个专利机构（涵盖 100 多个国家，包括中国的实用新型专利信息）的超过 1800 万条基本发明专利，3890 多万条专利情报。数据回溯到 1963 年。

DII 与 Web of Science 双向连接，这样就将基础研究或应用基础研究的成果与技术应用的成果有机地联系在一起。多数记录的专利号后面有 "Original Document"（原始文档）按钮，可以直接获取专利说明书全文。可以浏览说明书全文的有美国专利（US）、世界专利（WO）、欧洲专利（EP）和德国专利（DE），日本专利（JP）只能看到说明书的首页。

2. 美国专利检索系统 PatFT

PatFT（Patent Full-Text and Image Database）是由美国专利商标局办的专利检索系统，提供 1976 年 1 月以后的专利全文，数据库每周二更新，1790～1975 年的文献只能通过专利号及美国专利分类号进行检索。2022 年 9 月，平台更新为 Patent Public Search，提供基本查询和高级查询两类功能[①]。基本查询界面如图 5-3 所示，可以利用专利号或出版物号进行快速查询，也可以通过申请人、授权人、代理机构、发明人等途径进行检索。高级查询则提供了专门的用户交互界面，可以记录用户查询记录、选择数据库、在同一窗口显示选中的记录内容等。

扫一扫
看彩图

图 5-3　Patent Public Search 基本查询界面

5.3　标准信息检索

5.3.1　概述

标准化是为在一定范围内获得最佳秩序，对实际的或潜在的问题制定共同的和重复使用的规则的活动。标准化包括制定、发布及实施标准的过程。其意义是改进产品、过程和服务的适用性，防止贸易壁垒、促进技术合作。

标准是为重复性事物和概念所做的统一规定。它以科学、技术和实践经验的综合成果为基础，经有关方面协商一致，由主管机关批准，以特定形式发布，作为共同遵守的准则和依据。

按照效力性，标准可以分为强制性标准和推荐性标准。按照运用范围，标准可以分为国际标准、国家标准、行业标准、地方标准、团体标准、企业标准等。按照时效状态，标

---

① 网址：https://ppubs.uspto.gov/pubwebapp/static/pages/landing.html。

准可以分为现行标准、废止标准、被代替标准、即将实施标准、废止转行标准等。按标准化的对象，标准可以分为技术标准、管理标准和工作标准三大类。

标准文献狭义单指标准，广义指与标准化工作有关的一切文献，包括标准形成过程中的各种档案、宣传推广标准的手册及其他出版物、揭示报道标准文献信息的目录、索引等。

标准文献具有统一的产生过程，具有明确的适用范围和用途，编排格式、叙述方法严格划一，具有可靠性和现实性。通过标准文献可了解各国经济政策、技术政策、生产水平、资源状况和标准水平；在科研、工程设计、工业生产、企业管理、技术转让、商品流通中，采用标准化的概念、术语、符号、公式、量值、频率等有助于克服技术交流的障碍；国内外先进的标准可作为推广研究、改进新产品、提高新工艺和技术水平的依据；是鉴定工程质量、校验产品、控制指标和统一试验方法的技术依据；可以简化设计、缩短时间、节省人力、减少不必要的试验、计算，能够保证质量、减少成本；有利于企业或生产机构经营管理活动的统一化、制度化、科学化和文明化。

国际标准分类法（international classification for standards，ICS）是国际标准化组织（International Organization for Standardization，ISO）于 1992 年编制的标准文献的专用分类法。该分类法根据标准的特点，以专业划分为主设置类目，是一种等级制的分类方法，采用的是数字分类法，共分 97 个大类，主要用于国际标准、区域标准、国家标准及其他标准文献的分类。它的推广应用有利于标准文献分类的协调统一，从而促进标准文献的交换与传播。我国也有标准分类法——中国标准文献分类法（Chinese classification for standards，CCS）。CCS 的类目设置以专业划分为主，适当结合科学分类。采用二级分类，一级主类的设置主要以专业划分为主，二级类目设置采取非严格等级制的列类方法；一级分类由 24 个大类组成，每个大类有 100 个二级类目；一级分类由单个拉丁字母组成，二级分类由双数字组成。

5.3.2　中国标准信息的检索

我国 1956 年开始制定标准；1978 年 5 月国家标准总局成立，9 月中国标准化协会加入 ISO 组织。

我国的标准可以分为国家标准、行业标准、地方标准和企业标准。标准编号由"标准代号+顺序号+批准年代"构成。国家标准代号为 GB 或 GB/T，GB 是强制性国家标准的代号，GB/T 是推荐性国家标准的代号。行业标准代号用该行业主管部门名称的汉语拼音首字母表示，如机械行业标准代号为 JB，轻工业行业标准代号为 QB。地方标准由 DB 加上省域或市域编号再加上专业类号及顺序号和标准颁布年组成，如 DB11/T B44—2016《信息安全等级保护检查规范》。企业标准规定以 Q 为分子，以企业名称的代码为分母表示，如 Q/JWJ。

很多数据库中都收录了标准信息，本节主要介绍以标准为主要收录对象的在线检索和服务平台。

1. 国家标准全文公开系统

国家标准全文公开系统是国家标准化管理委员会组织建设的在线标准信息服务系统，

于 2017 年开始运行①。该系统对国家市场监督管理总局、国家标准化管理委员会自 2017 年 1 月 1 日后新发布的国家标准，在《中华人民共和国国家标准批准发布公告》发布后 20 个工作日内公开标准文本。目前，系统收录现行有效强制性国家标准 2049 项。其中非采标 1414 项可在线阅读和下载，采标 635 项只可在线阅读。收录现行有效推荐性国家标准 38 824 项。其中非采标 25 155 项可在线阅读，采标 13 669 项只提供标准题录信息②。系统具有分类浏览、普通检索和高级检索等功能。标准分类浏览界面如图 5-4 所示。

图 5-4　国家标准全文公开系统标准分类浏览界面

高级检索可以限定标准类别、标准状态、发布日期、ICS 分类，输入标准号或标准名称进行检索。高级检索界面如图 5-5 所示。

图 5-5　国家标准全文公开系统高级检索界面

---

① 网址：http://openstd.samr.gov.cn/bzgk/gb/index。
② 采标是采用国际标准的简称，是指将国际标准的内容，经过分析研究和试验验证，等同或修改转化为我国标准（包括国家标准、行业标准、地方标准和企业标准），并按我国标准审批发布程序审批发布。

对于每一项标准，系统将显示标准号、标准名称、标准分类号、发布日期、发布单位等详细信息，如图 5-6 所示。

图 5-6　国家标准全文公开系统标准详情界面示例

2. 国家标准文献共享服务平台

中国标准化研究院国家标准馆成立于 1963 年，馆藏历史始于 1931 年，是我国唯一的国家级标准文献和标准化图书情报馆藏、研究与服务机构。国家标准文献共享服务平台是由中国标准化研究院承建的首批通过科学技术部认定的 23 个国家科技基础条件平台之一，是国家科技创新体系的重要组成部分。该平台的"资源检索"模块具有标准检索、标准公告检索、内容指标检索、批量检索、标准阅读等功能。标准检索可以通过标准状态、关键词、标准号、国际标准分类号、中国标准分类号、采用关系、标准品种、年代号等检索标准信息。标准公告检索可以通过公告类别、公告名称、年代号等检索标准公告信息。内容指标检索可以通过普通检索、高级检索、全文检索等功能查询标准的内容指标。批量检索可以通过 TXT 或 Excel 文件批量导入检索指令。标准阅读则可以浏览强制性国标和部分国外标准。

3. 全国标准信息公共服务平台

全国标准信息公共服务平台是国家市场监督管理总局国家标准技术审评中心具体承担建设的公益类标准信息公共服务平台，服务对象是政府机构、国内企事业单位和社会公众，目标是成为国家标准、国际标准、国外标准、行业标准、地方标准、企业标准和团体标准等标准化信息资源统一入口，为用户提供"一站式"服务。目前该平台提供了国家标准、行业标准、地方标准、团体标准、企业标准、国际标准和国外标准的浏览和检索服务。平台常用的查询功能包括国际标准计划查询、国家标准目录查询、国家标准外文版查询、国家标准样品查询等。图 5-7 为国家标准目录查询模块的高级查询界面。

行业标准、地方标准、团体标准、企业标准都提供了专门的服务平台，提供相关标准的备案、标准的浏览与查询、标准公告的查询等服务。国际标准模块提供了 ISO 和 IEC

（International Electrotechnical Commission，国际电工委员会）系列标准的浏览与查询。国外标准模块提供了国外标准化动态信息、国外标准组织机构信息以及国外标准目录的查询服务。

图 5-7　国家标准目录查询高级查询界面

对于每一条标准，平台将显示标准状态、标准号、分类号、发布日期、起草单位、起草人、相关标准等详细信息。

5.3.3　国际标准及国外标准信息的检索

1. 国际标准信息的检索

国际标准是指 ISO、IEC 和国际电信联盟（International Telecommunication Union，ITU）制定的标准，以及国际标准化组织确认并公布的其他国际组织制定的标准。国际标准在世界范围内统一使用。

ISO 制定的 ISO 标准是主要的国际标准。ISO 正式建立于 1947 年，其前身是国际标准化协会和联合国标准协调委员会。ISO 的主要任务是制定和颁布 ISO 标准，协调国际性的标准化工作。ISO 是目前世界上最大的国际标准化专门机构，下设有技术委员会、工作组和特别工作组。ISO 的标准内容涉及广泛，从基础的紧固件、轴承各种原材料到半成品和成品，其技术领域涉及信息技术、交通运输、农业、保健和环境等。

由于技术的飞速发展，新方法和新材料不断涌现，人们对安全和质量的要求不断提高，往往会造成标准的过时。为此，ISO 规定，所有 ISO 标准至少每隔 5 年复审 1 次，特殊情况下，可以提前复审。ISO 的主要出版物有国际标准、可公开获取的规范、技术规范和技术报告等。

ISO 网站（https://www.iso.org/home.html），可以按领域浏览 ISO 标准，还提供了检索功能。每一条标准除了显示基本信息以外，还提供标准的摘要信息和预览。

2. 国外标准信息的检索

世界各国一般都有本国的标准化组织与机构，负责本国标准的制定和发布，如美国国家标准学会（American National Standards Institute，ANSI）、欧洲标准化委员会（Comité Européen de Normalisation，CEN）、英国标准协会（British Standards Institution，BSI）、德国标准化学会（Deutsches Institut für Normung，DIN）等。

ANSI 是美国非营利性民间标准化团体，自愿性标准体系的协调中心，成立于 1918 年，总部设在纽约。其主要职能是协调国内各机构、团体的标准化活动，审核批准美国国家标准，代表美国参加国际标准化活动，提供标准信息咨询服务，与政府机构进行合作。ANSI 本身很少制定标准，而是通过委任团体法和征求意见法从各专业团体制定发布的标准中，将其对全国有重大意义的标准经审核后提升为国家标准，并给以 ANSI 代号。通过其网站，可以检索相关标准的信息。

CEN 于 1961 年成立，宗旨在于促进成员国之间的标准化协作；积极推行 ISO、IEC 等国际标准；制定本地区需要的欧洲标准；推行合格评定（认证）制度，以消除贸易中的技术壁垒。CEN 同欧洲电工标准化委员会（European Committee for Electrotechnical Standardization，CENELEC）和欧洲电信标准化协会（European Telecommunications Standards Institute，ETSI）是相互支持、互为补充的三个独立的标准化机构。CENELEC 负责电工电子工程领域的标准化工作；ETSI 负责通信技术与工程领域的标准化工作；其他领域的标准化工作则由 CEN 承担。

BSI 成立于 1901 年，当时称为英国工程标准委员会。经过 100 多年的发展，现已成为举世闻名的，集标准研发、标准技术信息提供、产品测试、体系认证和商检服务五大互补性业务于一体的国际标准服务提供商，面向全球提供服务。作为全球权威的标准研发和国际认证评审服务提供商，BSI 倡导制定了世界上流行的 ISO 9000 系列管理标准，在全球多个国家拥有注册客户，注册标准涵盖质量、环境、健康和安全、信息安全、电信和食品安全等几乎所有领域。

DIN 成立于 1917 年。总部设在首都柏林。通过有关方面的共同协作，为了公众的利益，制定和发布德国标准及其他标准化工作成果并促进其应用，以有助于经济、技术、科学、管理和公共事务方面的合理化、质量保证、安全和相互理解。

5.4　政府信息检索

政府出版物是指各国政府部门及其所属机构发表和出版、政府设立或指定的专门机构印刷的文献。政府出版物可分为行政性文件和研究报告两大类。政府出版物主要产生于政府及组织机构的工作过程中，包含了大量的原始资料或数据，集中反映了各国政府机构的活动，反映了各部门对有关工作的观点、方针、政策，对于了解一个国家的政策水平以及科学技术和经济发展现状有着重要的参考价值。

5.4.1　中国政府信息检索

1. 我国政府文件和经管人文类报告的检索

随着我国"政府上网工程"的启动以及电子政府、电子政务的建设，我国各级政府部门纷纷启动了线上平台的建设，线上平台成为重要的信息发布与政务服务渠道。《中华人民共和国政府信息公开条例》自 2008 年实施，2019 年修订后实施，进一步促进了我国政府信息的开放。

中华人民共和国中央人民政府门户网站（简称中国政府网）由国务院办公厅主办，中国政府网运行中心负责运行维护。中国政府网作为我国电子政务建设的重要组成部分，是政府面向社会的窗口，是公众与政府互动的渠道，对于促进政务公开、推进依法行政、接受公众监督、改进行政管理、全面履行政府职能具有重要意义。中国政府网是国务院和国务院各部门，以及各省区市人民政府在国际互联网上发布政府信息和提供在线服务的综合平台。中国政府网现开通要闻、最新政策、政策解读、国务院政策文件库、国务院组织结构等栏目，第一时间权威发布国务院重大决策部署和重要政策文件，党和国家领导同志出席重要会议、考察、出访活动等政务信息，同时面向社会提供与政府业务相关的服务，建设基于互联网的政府与公众互动交流新渠道。此外，各级政府部门的网站均是政府信息获取的重要渠道。

国务院发展研究中心信息网（简称国研网）创建于 1998 年 3 月，创建 20 多年来，广泛与各类智库、研究机构合作，打造以宏观大数据产品、宏观经济业务软件、课题研究和咨询服务为核心的服务。国研网分为"综合版""教育版""党政版"。以"教育版"为例，国研网建设了专题文献库、研究报告库、统计数据库等模块。专题文献库是国研网基于与国内外知名研究机构、财经媒体、专家学者合作取得的信息资源，进行数字化管理和开发而形成的大型经济信息数据库集群，从经济、金融、行业、教育等方面提供参考信息。"国研网系列研究报告"平台是国研网独家发布自主研发系列报告的网络平台，致力于通过持续跟踪、分析国内外宏观经济、金融和重点行业基本运行态势、发展趋势，准确解读相关政策趋势和影响，及时研究各领域热点、重点问题，为用户提供经济、金融、行业研究和战略决策需要的高端信息产品。平台除及时发布国研网自主研发的系列跟踪研究报告产品——周评（36 种）、月报（31 种）、季报（25 种）、年报（56 种）、热点报告（33 种），同时还提供国研网围绕互联网金融、智慧城市、大数据、金融科技等经济社会热点问题开发的专题研究报告内容介绍，以及国研网个性化定制报告服务领域及成功案例介绍。"国研网统计数据库"（简称"国研数据"）是国研网在全面整合我国各级统计职能部门所提供的各种有关中国经济运行数据的基础上，历经数年研究开发、优化整合后推出的大型数据库集群，对国民经济的发展以及运行态势进行了立体、连续、深度展示。

2. 我国科技报告的检索

科技报告（scientific and technical report）是指一项科研成果的最终报告或研究过程中的实际记录，一般由科研机构、政府机构所属的科研单位、专业学术团体及高等院校附设的研究所提供。科技报告按专业名称和内容，可分为科学报告、技术报告、工程报告、调查报告、研究报告、实验报告、生产报告、交流报告等。

科技报告不同于图书、期刊和其他类型出版物的资料，通常以单册形式出版，册数不限，篇幅不等，数量难以掌握。由于保密性强，往往内部发行，且在尖端技术领域有一定的密级控制，有的解密公开之后又在期刊上发表。生产技术报告的单位有个人公司，有学术团体，机构编号多，往往一件报告书有好几个号码，给检索带来一定的难度。

由于科技报告常常反映前沿科技和正在进行中的研究项目，内容专深、具体，并经主管部门审定，成熟可靠，因此对科技工作者进行科学研究具有重要的借鉴和参考价值。

万方数据的中外科技报告数据库包括中文科技报告和外文科技报告。中文科技报告收录始于 1966 年，源于科学技术部，共计 2.6 万余份。外文科技报告收录始于 1958 年，涵盖美国政府四大科技报告，共计 110 万余份。用户可以按字顺、来源、学科、地域、类型浏览，也可输入检索词查询。

此外，中国知网、国家科技图书文献中心的网络平台也提供了科技报告的检索功能。

5.4.2　国外政府信息检索

1. 国外政府开放数据的检索

政府部门作为最大的数据生产者和收集者，掌握着社会绝大部分的数据。这些数据不仅有利于政府制定政策，提供公共服务，而且可以促进公民、企业以及其他组织和团体参与公共事务、开发新产品、提供创新服务。开放政府数据（open government data）是指利用现代信息技术手段，主动将政府自身拥有的不涉及个人隐私和公共安全的数据免费开放给所有民众，强调"原始数据"的彻底开放，目的在于实现信息的公开、共享与重用，以寻求信息数据最大可能的无限获取与重用。任何个人、企业和社会组织都可以对这些数据进行开发利用。

美国作为政府开放数据的倡导者和先行者，建设了国家级政府数据开放平台 Data.gov。Data.gov 是美国政府组织建立的全球首个可自由获取数据的、用户与政府互动的、应用程序接口的开放网络数据共享平台。网站于 2009 年 5 月 21 日上线，来自美国的 11 个政府机构提供了最初的 76 项数据集。目前，Data.gov 的"数据"版块下有 30 多万个数据集，可以按地理位置、主题、主题分类、数据格式、发布者等分面浏览，同时可以输入关键词查询。"资源"版块是一个在线政策、工具、案例研究及其他资源的数据库，用以支持联邦政府间的数据治理、管理、交换和利用，该版块可以按类目或关键词浏览。

Data.gov.uk 是由英国政府创办的政府开放数据平台，数据来自英国中央政府、地方当局和公共机构。平台为数据创建了分类目录，包括商业与经济、犯罪与司法、防卫、教育、环境、政府、政府开支、健康、地图、社会、城市、交通、数字服务绩效、政府参考数据等。平台可以分类浏览，也可以输入关键词检索。

2. 国外科技报告的检索

国外很多商业型数据库中都收录了科技报告，可以通过其统一服务平台检索。本节主要介绍美国政府四大科技报告及专门的科技报告检索系统。

PB 报告、AD 报告、DOE 报告和 NASA 报告并称为四大科技报告。第二次世界大战后，美国从德国、日本、意大利战败国获得大批战时科技资料，其中有战时技术档案、战败国的专利、标准和技术刊物等。为了系统整理并利用这些资料，美国政府于 1945 年 6 月成立美国商务部出版局来负责整理和公布这些资料，即 PB 报告的起源。PB 报告内容偏重民用工程，如土木建筑、城市规划、环境保护等。

AD 报告是原美国武装部队技术情报局收集、整理和出版的国防部所属的军事研究机构与合同单位的科技报告。AD 报告的内容绝大部分与国防科技密切相关，涉及航空航天、舰船、兵器、核能、军用电子等领域，是目前军队院校和国防科研部门使用价值和频率最高的大宗科技文献。

NASA 报告由美国航空航天局（National Aeronautics and Space Administration，NASA）出版，来自于 NASA 的 13 个研究中心，还包括部分 NASA 出版物，其内容涉及航空航天相关的各个学科领域。NASA 报告的内容侧重于航空和空间技术领域如空气动力学、发动机及飞行器材、试验设备、飞行器制导及测量仪器等方面，同时广泛涉及许多基础学科和技术学科。

DOE 报告名称来源于美国原子能委员会（Atomic Energy Commission，简称 AEC）的首字母缩写。DOE 1977 年改组扩建为"能源部"（Department of Energy）。其文献主要来自能源部所属的技术中心、实验室、管理处及信息中心，另外也有一些国外的能源部门。DOE 报告的内容已由核能扩大到整个能源领域。

《美国政府报告通报和索引》是美国商务部国家技术情报服务局（National Technical Information Service，NTIS）主办的系统报道美国政府科技报告的主要出版物，报道全部 PB 报告，所有公开或解密的 AD 报告，部分的 NASA 报告，DOE 报告及其他类型的报告。NTIS 现已推出网站（https://www.ntis.gov），该网站是美国目前最大的政府信息资源中心，全面收集由政府资助立项的科学、技术、工程及商业信息。通过 NTIS 主页可免费查询 1990 年以来 NTIS 数据库的文献文摘信息，部分报告提供原文。

此外，一些大学或机构网站也提供了科技报告的检索，如惠普实验室技术报告检索[①]，可以免费全文下载；美国斯坦福大学计算机科学技术报告[②]，可以浏览与全文下载。

5.5 会议信息检索

会议文献是学术会议的副产品，是各种学术会议上所发表的论文、报告、讲演等的统

---

① 网址：https://www.hpl.hp.com/hplabs/index#opennewwindow。

② 2000 年以前报告，访问网址：http://www-db.stanford.edu/TR；2000 年以后报告，访问网址：https://hci.stanford.edu/cstr/。

称。其主要特点是直接迅速、时效性强，反映新成果较快，质量较高，专业性较突出，往往代表着某一学科或专业领域的最新学术研究成果。它传递新产生的但尚未成熟的科研中的信息，基本上反映了该学科或专业当时的学术水平、动态和发展趋势。会议文献是重要的科技信息来源之一。会议文献按出版时间的先后分为会前文献、会间文献、会后文献。本节主要对网络版会议信息检索系统进行选介。

会议信息的检索可以通过会议论文数据库系统进行检索，也可以利用会议信息服务网站和机构网站进行检索。中国知网的"中国重要会议论文全文数据库"重点收录 1999 年以来，中国科学技术协会、社会科学界联合会系统及省级以上的学会、协会，高校、科研机构，政府机关等举办的重要会议上发表的文献。其中，全国性会议文献超过总量的 80%，部分连续召开的重要会议论文回溯至 1953 年。其"国际会议论文全文数据库"则重点收录 1999 年以来，中国科学技术协会系统及其他重要会议主办单位举办的在国内或国外召开的国际会议上发表的文献，部分重点会议文献回溯至 1981 年。

万方数据的"中国学术会议文献数据库"包括中文会议和外文会议，中文会议收录始于 1982 年，年收集约 3000 个重要学术会议，年增 20 万篇论文，每月更新。外文会议主要来源于国家科技图书文献中心外文文献数据库，收录了 1985 年以来世界各主要学协会、出版机构出版的学术会议论文共计 766 万篇全文（部分文献有少量回溯），每年增加论文约 20 万篇，每月更新。

以上会议论文数据库是获取国内会议信息的重要来源。以中国知网为例，会议信息的检索可以通过一框式检索和高级检索进行，检索途径除了主题、作者、篇名等常规途径以外，还包括会议名称、主办单位、论文集名称等会议信息特有的检索途径。中国知网提供的会议导航，可以按论文集、会议、主办单位、国内和国外等进行分面浏览查询。

美国《科技会议录索引》（*Index to Scientific & Technical Proceedings*，ISTP），它是 ISI 出版的一部世界著名的综合性的科技会议文献检索工具，创刊于 1978 年。其出版形式包括印刷版期刊、光盘版及 Web 版。ISTP 收录世界范围内用各种文字出版的会议文献，内容涵盖生命科学、物理、化学、农业、环境科学、临床医学、工程技术和应用科学等各个领域。ISTP 的会议论文资料丰富，有会议信息、论文资料、出版信息。《社会科学和人文科学会议录索引》（Index to Social Sciences & Humanities Proceedings，ISSHP），1994 年创刊，收录了来自社会科学、艺术与人文等领域的会议。ISTP 和 ISSHP 整合为 ISI Proceedings。ISI Proceedings 通过网络的方式提供全面的会议信息和会议文献信息，其内容收集自著名国际会议、座谈会、研讨会、讲习班和学术大会上发表的会议论文，数据每周更新。ISI Proceedings 现已整合进了 ISI Web of Knowledge 平台，可以获取强大的检索与连接功能。

一些会议信息服务网站和机构网站也提供会议信息的检索。中国学术会议网（conf.cnki.net）由中国知网主办，专为会议主办方、作者、参会者设计并开发的网络化学术会议服务平台，提供创建会议网站、在线投稿审稿、在线注册参会等多种功能，也提供了浏览和查询会议的功能，可以获取有关会议的各方面信息。中国学术会议在线（https://

www.meeting.edu.cn/zh）、中国会议网（https://www.chinameeting.cn/meeting_list.aspx）是相似的网站。

中国科学技术协会的"重要学术会议指南"（https://ccg.castscs.org.cn/）收录了数理科学、化学、生命科学、地球科学、工程与材料科学、信息科学、管理科学、医学科学等学科领域的重要学术会议，可以按学科、会议主办城市、会议时间等分面浏览，也可以输入关键词查询会议。

5.6　学位论文检索

学位论文是指高等院校或学术研究机构的学生为获得某种学位而撰写的科学论文，包括学士论文、硕士论文、博士论文等。

学位论文是经审查的原始研究成果，具有内容专一、阐述详细、见解独到、参考文献比较系统等特点，因此广为科研人员所重视。学位论文的检索可以通过主题、作者、篇名等常规检索途径进行，也可以通过导师、学位授予单位、学位授予时间等特殊检索途径进行。

一般情况下，学位授予单位会建设本单位的学位论文数据库，收录本单位的硕士论文和博士论文，提供检索服务。

学位论文也是大型商业性数据库的重点收录对象。中国知网的"中国博士学位论文全文数据库"和"中国优秀硕士学位论文全文数据库"出版 500 余家博士培养单位的博士学位论文 40 余万篇，780 余家硕士培养单位的硕士学位论文 470 余万篇，最早回溯至 1984 年，覆盖基础科学、工程技术、农业、医学、哲学、人文、社会科学等各个领域。　万方数据的"中国学位论文全文数据库"，收录始于 1980 年，年增 30 余万篇，涵盖基础科学、理学、工业技术、人文科学、社会科学、医药卫生、农业科学、交通运输、航空航天和环境科学等各学科领域。

中国国家图书馆的"馆藏博士论文与博士后研究报告数字化资源库"是以国家图书馆 20 多年来收藏的博士论文为基础建设的学位论文影像数据。目前博士论文全文影像资源库以书目数据、篇名数据为内容，提供 25 万多篇博士论文的展示浏览。CALIS 的"高校学位论文数据库"收集了国内高校学位论文、高校从 2002 年开始联合采购的 PQDT（ProQuest Dissertations & Theses，ProQuest 学位论文全文数据库）学位论文数据，以及 NDLTD 学位论文数据，涉及文、理、工、农、医等多个领域，通过 CALIS 的学位论文中心服务系统可以免费检索学位论文的目录和摘要信息，可以无缝链接到本单位购买的学位论文数据库，没有购买的则可以通过 CALIS 馆际互借与文献传递服务网获得全文。

ProQuest 博硕士论文全文数据库（全球版）（ProQuest Dissertations and Theses Global，PQDT Global）是世界上最全面的博硕士论文数据库，是美国国会图书馆官方典藏美国数字化博硕士学位论文资源数据库，收集并保存全球博硕士毕业生的学术成果。全文论文涵盖了从 1743 年至今的内容；论文文摘索引收录从 1637 年至今。覆盖科学、工程技术、农学、生物学、医学、心理学、哲学、人文、社会科学等各个领域，年增 20 余万篇。

PQDT 是 ProQuest 的订阅访问产品，由国内高校共同选购共建的一个全文数据库，该数据库可以通过"国外论文中国集团全文检索平台"①访问，该检索平台允许现有成员检索、预览、购买和访问论文全文。目前，该平台可以共享访问的全文论文已超过 80 万篇，涵盖文、理、工、农、医等高质量的学术研究领域。

NDLTD 全称是 Networked Digital Library of Theses and Dissertations，是由美国国家自然科学基金支持的一个网上学位论文共建共享项目，为用户提供免费的学位论文文摘，还有部分可获取的免费学位论文全文（根据作者的要求，NDLTD 文摘数据库链接到的部分全文分为无限制下载、有限制下载、不能下载几种方式），以便加速研究生研究成果的利用。

5.7　本 章 实 验

实验名称： 特种文献检索。

实验目的： 了解和熟悉专利、标准、学位论文、会议信息、政府信息的检索工具与检索方法。

实验内容：

1. 专利标准检索

（1）请利用中国专利公布公告网检索某大学（可指定为本校）2018 年申请的专利，写出总数，写出其中一种专利申请的申请号、IPC 分类号、第一名发明人姓名以及现在的法律状态。

（2）请利用美国专利商标局的专利数据库检索"pagerank"的专利发明和专利申请，请写出到目前为止该方面的专利发明有多少，专利申请有多少。选择其中一个专利发明，详细写出名称、专利号、专利授权日期、申请号、申请日期、发明人、受让人、IPC 分类号、权项（claims）的数量。

（3）利用国家标准全文公开系统检索出有关"信息处理"方面的标准。分别写出各自检索出的强制性标准数量、推荐性标准数量、现行标准数量、作废标准数量。

（4）利用万方数据检索出从 2014 年以来发布的有关"信息处理"方面的行业标准。写出各年发布的数量。选择其中一种，写出标准的名称和标准号。

（5）写出中国知网标准检索系统的检索功能和检索路径。

2. 学位论文检索

（1）请分别利用万方数据、中国知网、国家科技图书文献中心检索出 2013 年情报学博士论文的信息，写出检索出的总共篇数，并写出其中一篇论文的篇名、作者、导师、学位授予单位及学位论文发表时间。

---

① 网址：https://www.pqdtcn.com。

（2）请利用某大学（可指定为本校）图书馆自建数据库检索 2016 年该大学情报学或管理科学硕士学位论文，请写出所查的专业名称、检索出学位论文共有多少篇，写出其中一篇论文名称、作者、导师和专业。

3. 会议信息检索

（1）请利用"中国学术会议网"检索 2018 年我国召开的有关大数据的会议，请写出其中一个会议的名称、时间、出版单位、论文全文投稿截止日期。

（2）用万方数据知识服务平台会议检索系统，检索会议名称中包含"情报"的会议论文信息，写出对应的高频关键词的数量并写出其中任意两个关键词；写出最早年份及其论文数量，最近年份及其论文数量。

4. 政府信息检索

（1）请描述利用"国研网"查找有关企业信息管理方面案例的步骤，并写出查找到的一篇相关文献的名称、作者和出处。

（2）请利用"中国政府网"（www.gov.cn）的"国务院政策文件库"查询近一年国务院发布的有关教育的文件，写出共有多少，写出其中一篇的公文种类（发文字号）、成文时间、网站发布时间、主题分类、索引号。

实验步骤：

1. 专利标准检索

（1）进入"中国专利公布公告"，选择高级查询，在"申请（专利权）人"字段输入单位名称，在"申请日"字段将申请日期限定为 2018 年，提交检索后获取相应信息。

（2）进入美国专利检索系统 PatFT，点击"quick search"，在"term1"输入"pagerank"，提交检索获取相应信息。

（3）进入"国家标准全文公开"系统，在主页检索框中输入"信息处理"，提交检索后获取相应信息。

（4）进入万方数据平台，选择"高级检索"，"文献类型"选择"中外标准"，"题名或关键词"字段输入"信息处理"，"发表时间"限定为 2014 年以来，提交检索，获取相应信息。

（5）进入中国知网平台，在"文献检索"中选择"标准"，进入标准个性化检索界面，浏览一框式检索和高级检索界面，获取相应信息。

2. 学位论文检索

（1）进入万方数据平台，选择"高级检索"，"文献类型"选择"学位论文"，"学位-专业"字段输入"情报学"，"学位-学位"字段输入"博士"，"发表时间"限定为 2013 年，提交检索；进入中国知网平台，进入学位论文个性化界面，选择"高级检索"，"学科专业名称"字段输入"情报学"，"时间范围"限定为 2013 年，提交检索；进入国家科技图书文献中心，选择"高级检索"，文献类型选择"学位论文"，"专业"字段输入"情报学"，"学位"字段输入"博士"，年限限定为 2013 年，提交检索。

（2）进入本单位图书馆的学位论文数据库，依据系统功能，选择字段输入检索条件进行检索。

3. 会议信息检索

（1）进入"中国学术会议网"，选择"高级检索"，"中文会议名称"字段输入"大数据"，"召开时间"限定为 2018 年，提交检索，获取相关信息。

（2）进入万方数据知识服务平台，文献类型选择"会议论文"，"会议名称"字段输入"情报"，提交检索。结果页面上方点击"结果分析"，可以获取各年论文数和关键词统计信息。

4. 政府信息检索

（1）进入"国研网"，选择"高级检索"，检索词输入"企业信息管理""案例"，提交检索，获取相关信息。

（2）进入"中国政府网"，从主页左侧找到"国务院政策文件库"，点击进去，在检索框中输入"教育"，检索框下选择"国务院文件"，提交检索并点击结果记录，获取相关信息。

第6章 信息检索模型

6.1 信息检索模型概述

模型是指为了某种目的，通过对现实世界的某一特定对象做出一些必要的简化与假设，运用适当的数据工具得到的一种数学结构。模型具有保留本质、抑制细节的作用，它或者可以揭示特定现象的状态和性质，或者能预测现象的未来状况，或者能提供对处理对象的最优决策或控制。信息检索模型就是运用数学语言和工具，对信息检索系统中的信息及处理过程加以抽象和描述，表述为某种数学公式，再进行演绎、推断、解释和检验。

信息检索模型是对真实的检索过程的抽象概括。信息检索的基本任务是找出与用户需求匹配的相关文档。因此信息检索的核心问题包括如何准确地表示文档与用户查询，以及如何判断哪些文档与用户查询相关，哪些文档不相关。图6-1是信息检索过程的图示。如图6-1所示，信息检索模型需要解决三个关键问题：文档表示方式、查询表示方式、查询与文档的匹配比较方法。其中，查询与文档的匹配一般要计算文档与查询的"相关度"。关于"相关度"的不同假设形成了不同的信息检索模型。

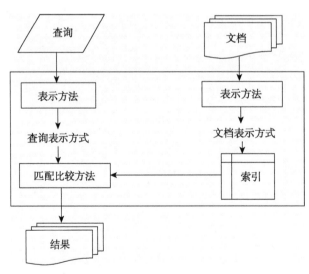

图 6-1　信息检索过程示意图

资料来源：董守斌和袁华（2010）

以下是信息检索模型的形式化定义。信息检索模型是一个四元组 $[D, Q, F, R(q_i, d_j)]$，具体含义如下。

（1）D 是文档集中的一组文档逻辑视图（表示），称为文档的表示。

（2）Q 是一组用户信息需求的逻辑视图（表示），称为查询。

（3）F 是一种机制，用于模拟文档表示，查询表示及它们之间的关系。

（4）$R(q_i, d_j)$ 是排序函数，该函数输出一个表示查询 $q_i \in Q$ 和文档表示 $d_j \in D$ 相关程度的实数，可以用来对查询结果排序。

现实世界的信息资源和信息需求是十分复杂的，为了实现二者的匹配，检索模型一般需要对文档和查询的表示方法进行简化。经典信息检索模型采用了"词袋"假设。首先假设句子中的词和词之间是相互独立的，没有任何语义关联，词与词之间的顺序也无关紧要。这就是词袋（bag of words）模型。词袋模型把每个文档看作一个装满词的词袋，认为信息检索就是文档中的词与查询中的词的匹配。此外，共享词袋假设认为，所有查询和文档的词都来源于同一个词库，如果查询和文档共享了一些词，则它们是相关的。

基于词袋假设，每篇文档可以用一组具有代表性的关键词即索引项（index terms）集合来描述。索引项是文档中关键性的字或词，可以描述文档的内容。在描述文档内容时，不同的索引项具有不同的能力，因此在描述一篇文档时，可以给每个索引项赋予一个权值（weight）。不同的权值决定了一个索引项对文档内容描述的贡献程度。

用 t 表示系统中索引项的数目，k_i 表示第 i 个索引项，$K = \{k_1, k_2, \cdots, k_t\}$，是所有索引项的集合。用 d_j 表示文档，$w_{i,j} \geqslant 0$ 是文档 d_j 中索引项 k_i 的权值，对于没有出现在文档文本中的索引项，其权值 $w_{i,j} = 0$。文档 d_j 可以用索引项的权值向量来表示：$d_j = (w_{1,j}, w_{2,j}, \cdots, w_{t,j})$。此外，函数 g_i 用以返回任何 t 维向量中索引项 k_i 的权值，即 $g_i(d_j) = w_{i,j}$。其中，索引项的权重通常被认为是互相独立的。

人们已经在集合论、代数论、概率论三个领域分别提出了布尔模型、向量模型和概率模型三种经典模型。基于这三种经典模型，人们又提出了多种改进模型。基于经典布尔模型的扩展模型包括模糊集合理论模型和扩展布尔模型，这些模型都是建立在集合理论的基础之上的，因此，称该类模型为集合理论模型。基于经典向量模型的扩展模型包括广义向量模型、潜在语义标引模型和神经网络模型等，这些模型都建立在代数理论的基础之上，因此，称该类模型为代数模型。基于经典概率模型的扩展模型包括推理网络模型、信任度网络模型、语言模型等，这类模型用于构建文档和查询模型的机制是基于概率论的，因此，称该类模型为概率模型。

6.2　经典信息检索模型

6.2.1　布尔模型

布尔模型是最早提出的信息检索模型。在布尔模型中，索引项在文档中要么出现，要么不出现，即索引项在文档中的权值是二值的，$w_{i,j} \in \{0,1\}$，当索引项 k_i 在文档 d_j 中出现时，$w_{i,j} = 1$，否则 $w_{i,j} = 0$。这样，文档就表示为索引项的布尔向量。

在布尔模型中，查询是一个常规的布尔逻辑表达式，由布尔逻辑运算符"∧（与）""∨（或）""¬（非）"等连接索引项构成。例如，查询 $q=(a \vee b) \wedge (c \neg d)$，$a$、$b$、$c$、$d$ 分别代表四个索引项（关键词），要求查找包含 a 或包含 b，但是一定包含 c 且不包含 d 的文档。为了便于计算，布尔模型中通常会把查询的布尔逻辑表达式转换为析取范式（disjunctive normal form，DNF）。例如，前例查询 q 的析取范式为：$q_{dnf}=(1,0,1,0) \vee (0,1,1,0) \vee (1,1,1,0)$，其中，每个分量都是四元组 (a,b,c,d) 的二值加权向量，这些分量称为析取范式 q_{dnf} 的合取分量。

在布尔模型中，文档与查询的相似度 $\text{sim}(d_j,q)$ 也是二值的，即 $\text{sim}(d_j,q) \in \{0,1\}$。令 q_{dnf} 为查询 q 的析取范式，q_{cc} 为 q_{dnf} 的合取分量，$g_i(d_j)$ 和 $g_i(q_{cc})$ 分别表示索引项 k_i 在文档 d_j 和合取分量 q_{cc} 中的权值（均为二值），则文档 d_j 和查询 q 的相似度可以定义为

$$\text{sim}(d_j,q) = \begin{cases} 1, & \text{如果} \exists q_{cc} \big| (q_{cc} \in q_{dnf}) \wedge (\forall k_i, g_i(d_j) = g_i(q_{cc})) \\ 0, & \text{其他} \end{cases} \tag{6-1}$$

用布尔模型进行检索的主要步骤可以总结如下。

（1）将文档集合中的每个文档表示为索引项的布尔向量。

（2）将以布尔表达式表示的查询转换为析取范式。

（3）利用相似度计算公式（6-1）计算每个文档与查询的相似度。

（4）相似度计算结果为 1，表示文档与查询相关，可以作为结果输出。相似计算结果为 0，表示文档与查询不相关。

【例 6-1】设一个文档集合中有 3 个文档（d_1, d_2, d_3），其中，d_1="information, computer"；d_2="information, peer"；d_3="computer"。现有查询 q="information ∧ (computer ∨ peer)"。请使用布尔模型对该文档集进行检索，并给出检索结果。

解：令 k_1=information，k_2=computer，k_3=peer

（1）将文档表示为索引项的布尔向量。

$$d_1 = (1,1,0) \quad d_2 = (1,0,1) \quad d_3 = (0,1,0)$$

（2）将查询转换为析取范式。

$$q_{dnf} = (1,1,1) \vee (1,1,0) \vee (1,0,1)$$

（3）计算文档与查询的相似度。

$$\text{sim}(d_1,q) = 1 \quad \text{sim}(d_2,q) = 0 \quad \text{sim}(d_3,q) = 0$$

（4）输出结果。

对于查询 q，文档 d_1 是检索结果。

布尔模型易于理解、计算简单、易于实现。所以早期的信息检索系统很多采用布尔模型，但是布尔模型也存在一定的局限。

（1）采用布尔表达式表示查询，不易全面反映用户需求。

（2）不支持部分匹配。布尔模型的检索结果都是完全匹配的，文档要么相关，要么不

相关。完全匹配策略可能导致返回过多或过少的检索结果。

（3）检索结果无法实现排序。

6.2.2 向量模型

向量模型也叫向量空间模型（vector space model，VSM）是康奈尔大学 Salton（萨尔顿）等在 20 世纪 70 年代提出并倡导的，其原型系统为 SMART。向量空间模型试图克服布尔模型的局限性，通过给查询和文档中的索引项分配非二值权值来实现这个目标。这样文档就不再是布尔向量，相似度计算结果也不再是二值的，可以实现部分匹配和结果的排序。

一个向量空间是由一组线性无关的基本向量组成，向量维数与向量空间维数一致，并可以通过向量空间进行描述。在向量空间模型中，文档和查询都表示为索引项的权值向量，如下所示：

$$d_j = (w_{1,j}, w_{2,j}, \cdots, w_{t,j})$$
$$q = (w_{1,q}, w_{2,q}, \cdots, w_{t,q})$$

其中，t 为系统中索引项的数量；$w_{i,j}$（$i=1,2,\cdots,t$）为二元组（k_i, d_j）的权值，表示索引项 k_i 在文档 d_j 中的权值，$w_{i,j} \geq 0$；$w_{i,q}$（$i=1,2,\cdots,t$）为二元组（k_i, q）的权值，表示索引项 k_i 在查询 q 中的权值，$w_{i,q} \geq 0$。

向量之间通过距离计算得到查询和每个文档的相似度。常用的公式包括内积公式（6-2）和余弦公式（6-3）。

$$\text{sim}(d_j, q) = \sum_{i=1}^{t} (w_{i,j} \times w_{i,q}) \tag{6-2}$$

$$\text{sim}(d_j, q) = \cos\theta = \frac{\sum_{i=1}^{t} (w_{i,j} \times w_{i,q})}{\sqrt{\sum_{i=1}^{t} w_{i,j}^2} \times \sqrt{\sum_{i=1}^{t} w_{i,q}^2}} \tag{6-3}$$

向量空间模型最初提出时并没有规定索引项权值的计算方法，后来研究者提出了众多方法，主要的方法包括以下几种。

（1）TF 权值。TF（term frequency）即词频，是指索引项在文档中出现的次数，在一定程度上反映了索引项在文档中的重要性。除了采用原始词频外，还有一些方法是对词频进行归一化处理，即将所有权值归一化到[0,1]。通常可以采用最大归一化（maximum normalization）、增广最大归一化（augmented maximum normalization）和余弦归一化（cosine normalization）。

其中，最大归一化的公式如下所示：

$$\text{tf}_{i,j} = \frac{\text{freq}_{i,j}}{\max\limits_{k_l \in d_j} \text{freq}_{l,j}} \tag{6-4}$$

增广最大归一化的公式如下所示：

$$\text{tf}_{i,j} = 0.5 + 0.5 \times \frac{\text{freq}_{i,j}}{\max\limits_{k_l \in d_j} \text{freq}_{l,j}} \qquad (6\text{-}5)$$

余弦归一化的公式如下所示：

$$\text{tf}_{i,j} = \frac{\text{freq}_{i,j}}{\sqrt{\sum\limits_{k_l \in d_j} \text{freq}_{l,j}^2}} \qquad (6\text{-}6)$$

其中，$\text{tf}_{i,j}$ 为索引项 k_i 在文档 d_j 中的标准化词频；$\text{freq}_{i,j}$ 为索引项 k_i 在文档 d_j 中的原始词频；$\text{freq}_{l,j}$ 为文档 d_j 中索引项 k_l（$l=1,2,\cdots,n$）的词频。

（2）TF-IDF 权值。DF（document frequency）即文档频率，代表整个文档集合中出现特定索引项的文档数目。DF 反映了索引项的区分度，DF 越高表示索引项越普遍，因此其区分度越低，相应权值也越低。IDF 是逆文档频率（inverse document frequency），是 DF 的倒数，通常采用如下公式计算：

$$\text{idf}_i = \log \frac{N}{n_i} \qquad (6\text{-}7)$$

其中，idf_i 为索引项 k_i 的逆文档频率值；N 为文档集合中文档的总数；n_i 为文档集合中包含索引项 k_i 的文档数量。log 的底通常取 e，即 ln。

索引项 k_i 在文档 d_j 中权值一般利用以下公式：

$$w_{i,j} = \text{tf}_{i,j} \times \text{idf}_i \qquad (6\text{-}8)$$

在具体计算时，上述公式中的 $\text{tf}_{i,j}$ 通常采用的是最大归一化的词频，即索引项 k_i 在文档 d_j 中的权值计算公式为

$$w_{i,j} = \frac{\text{freq}_{i,j}}{\max\limits_{k_l \in d_j} \text{freq}_{l,j}} \times \log \frac{N}{n_i} \qquad (6\text{-}9)$$

索引词在查询中的权值可以采用相同的方法，但对于 TF 值的计算更多采用增广最大归一化词频，即索引项 k_i 在查询 q 中的权值计算公式为

$$w_{i,q} = \left(0.5 + 0.5 \times \frac{\text{freq}_{i,q}}{\max\limits_{k_l \in d_j} \text{freq}_{l,q}} \right) \times \log \frac{N}{n_i} \qquad (6\text{-}10)$$

因此，利用向量空间模型进行检索的基本步骤如下所述。

（1）计算文档的索引项权重，用索引项向量表示文档。

（2）计算查询的索引项权重，用索引项向量表示查询。

（3）计算每个文档向量和查询向量的相似度。

（4）根据相似度，输出排序结果。

【**例 6-2**】假设文档集包含 d_1, d_2, d_3 共 3 个文档，共有 4 个索引项，这些索引项在各文档中出现的频率（词频）如表 6-1 所示。

表 6-1　索引项在各文档中出现的频率

索引项/文档	d_1	d_2	d_3
agent	3	0	1
network	2	4	2
peer	4	2	0
search	0	3	4

现有一个用户查询 $q=$ "peer agent"，请使用向量模型为该用户输出排序检索结果。

解：令 k_1=agent，k_2=network，k_3=peer，k_4=search。

第一步，将文档表示为索引项的权值向量。计算过程如表 6-2 所示。

表 6-2　文档权值计算过程

文档	索引项	TF	n_i	IDF	TF-IDF 权值
d_1	k_1	$\frac{3}{4}$	2	$\log\frac{3}{2}$	$\frac{3}{4}\log\frac{3}{2}$
	k_2	$\frac{2}{4}$	3	$\log\frac{3}{3}$	0
	k_3	$\frac{4}{4}$	2	$\log\frac{3}{2}$	$\log\frac{3}{2}$
	k_4	0	2	$\log\frac{3}{2}$	0
d_2	k_1	0	2	$\log\frac{3}{2}$	0
	k_2	$\frac{4}{4}$	3	$\log\frac{3}{3}$	0
	k_3	$\frac{2}{4}$	2	$\log\frac{3}{2}$	$\frac{1}{2}\log\frac{3}{2}$
	k_4	$\frac{3}{4}$	2	$\log\frac{3}{2}$	$\frac{3}{4}\log\frac{3}{2}$
d_3	k_1	$\frac{1}{4}$	2	$\log\frac{3}{2}$	$\frac{1}{4}\log\frac{3}{2}$
	k_2	$\frac{2}{4}$	3	$\log\frac{3}{3}$	0
	k_3	0	2	$\log\frac{3}{2}$	0
	k_4	$\frac{4}{4}$	2	$\log\frac{3}{2}$	$\log\frac{3}{2}$

由表格可得

$$d_1 = \left(\frac{3}{4}\log\frac{3}{2}, 0, \log\frac{3}{2}, 0\right)$$

$$d_2 = \left(0, 0, \frac{1}{2}\log\frac{3}{2}, \frac{3}{4}\log\frac{3}{2}\right)$$

$$d_3 = \left(\frac{1}{4}\log\frac{3}{2}, 0, 0, \log\frac{3}{2}\right)$$

第二步，将查询表示为索引项的权值向量。计算过程如表 6-3 所示。

表 6-3 查询权值计算过程

查询	索引项	TF	n_i	IDF	TF-IDF 权值
	k_1	$0.5 + 0.5 \times 1/1$	2	$\log \frac{3}{2}$	$\log \frac{3}{2}$
	k_2	0.5	3	$\log \frac{3}{3}$	0
q	k_3	$0.5 + 0.5 \times 1/1$	2	$\log \frac{3}{2}$	$\log \frac{3}{2}$
	k_4	0.5	2	$\log \frac{3}{2}$	$0.5\log \frac{3}{2}$

因此，$q = \left(\log \frac{3}{2}, 0, \log \frac{3}{2}, 0.5 \log \frac{3}{2} \right)$。

第三步，相似度的计算。采用余弦公式，计算文档与查询的相似度，如下所示。

$$\text{sim}(d_1, q) \approx 0.93$$
$$\text{sim}(d_2, q) \approx 0.65$$
$$\text{sim}(d_3, q) \approx 0.49$$

第四步，排序输出结果。根据相似度计算，排序输出文档 d_1, d_2, d_3。

向量空间模型的权值算法改进了检索的性能；部分匹配的策略使得检索的结果文档集更接近用户的检索需求；可以根据文档与查询的相似度，对文档进行排序，为用户输出排序结果。但向量空间模型也有局限性，主要表现在：向量空间模型中，索引项相互独立的假设并不一定符合实际情况，索引项之间可能存在一定的联系。从这一点上看，向量空间模型无法揭示索引项之间的关系，在理论上不够完善。

6.2.3 概率模型

概率模型是在布尔逻辑模型的基础上为解决信息检索中存在的一些不确定性而引入的一种模型，试图在概率论的框架下解决信息检索的问题。信息检索中存在许多不确定性，如对于某一需求没有确定的查询式，则对于文档与查询的相关性判断也存在不确定性。这种不确定的存在，是概率理论引入信息检索中的重要前提。

概率模型包括一系列模型，本节主要介绍最经典的二元独立概率模型（binary independence model，BIM）。其基本思想是：给定一个用户查询，假设存在一个理想文档集，这个集合中包含完全相关的文档，不包含任何不相关的文档。检索的过程实际上就是追求理想结果集的过程。检索开始时并不清楚理想结果集具有哪些属性，只能利用索引项来刻画这些属性。在查询开始时要对理想结果集的属性作猜测。运用这个初始的猜测产生一个初步的对理想结果集的概率描述，用于检索出初始的结果文档集。然后引用相关反馈，改善结果集的概率描述，获取新的检索结果以更接近用户的信息检索要求。

以数学方式表示，给定一个用户查询 q，假设存在理想文档集 R，表示相关文档集合，$\overline{R}$ 为非相关文档集合，d_j 为文档集中的文档。二元独立概率模型具有如下假设。

（1）文档 d_j 和查询 q 的相关性与文档集合中的其他文档是没有关系的，这称为概率模型的相关性独立原则。

（2）在文档和查询式中，索引项之间是相互独立的。

（3）索引项 k_i 在文档 d_j 和查询 q 中的权值都是二值的，即 $w_{i,j} \in \{0, 1\}$，$w_{i,q} \in \{0, 1\}$。

二元独立概率模型中，文档 d_j 和查询 q 的相似度 $\text{sim}(d_j, q)$ 定义为文档与查询相关的概率和文档与查询不相关概率的比值。计算公式如下：

$$\text{sim}(d_j, q) = \frac{P(R \mid d_j)}{P(\bar{R} \mid d_j)} \tag{6-11}$$

其中，$P(R \mid d_j)$ 为文档 d_j 和查询 q 相关的概率；$P(\bar{R} \mid d_j)$ 为文档 d_j 和查询 q 不相关的概率。根据贝叶斯公式：

$$P(a \mid b) = \frac{P(b \mid a)P(a)}{P(b)}$$

可以得

$$P(R \mid d_j) = \frac{P(d_j \mid R)P(R)}{P(d_j)} \text{ 和 } P(\bar{R} \mid d_j) = \frac{P(d_j \mid \bar{R})P(\bar{R})}{P(d_j)}$$

代入式（6-11）得

$$\text{sim}(d_j, q) = \frac{P(d_j \mid R)P(R)}{P(d_j \mid \bar{R})P(\bar{R})} \tag{6-12}$$

其中，$P(d_j \mid R)$ 为从相关文档集 R 中随机选取文档 d_j 的概率；$P(d_j \mid \bar{R})$ 为从非相关文档集合 $\bar{R}$ 中选择文档 d_j 的概率；$P(R)$ 和 $P(\bar{R})$ 为从整个文档集合中随机选取一篇文档和查询相关的先验概率。对一个确定的文档集来说，这两个先验概率仅与查询有关，而与具体的文档无关。可以将式（6-12）进一步简化得

$$\text{sim}(d_j, q) = \frac{P(d_j \mid R)}{P(d_j \mid \bar{R})} \tag{6-13}$$

依据索引项之间的独立性假设，可以用每个索引项在相关文档集合和不相关文档集合的分布情况来计算相关概率，基于式（6-13）可以得

$$\text{sim}(d_j, q) = \frac{\prod_{i=1}^{t} P(k_i \mid R)^{g_i(d_j)} P(\bar{k}_i \mid R)^{(1-g_i(d_j))}}{\prod_{i=1}^{t} P(k_i \mid \bar{R})^{g_i(d_j)} P(\bar{k}_i \mid \bar{R})^{(1-g_i(d_j))}} \tag{6-14}$$

其中，$g_i(d_j) = w_{i,j} \times w_{i,q}$；$t$ 为文档集中索引项的数量；$P(k_i \mid R)$ 为索引项 k_i 在相关文档集的某个文档中随机出现的概率；$P(\bar{k}_i \mid R)$ 为索引项 k_i 不在相关文档集的某个文档中随机出现的概率；$P(k_i \mid \bar{R})$ 为索引项 k_i 在非相关文档集的某个文档中随机出现的概率；$P(\bar{k}_i \mid \bar{R})$ 为索引项 k_i 不在非相关文档集的某个文档中随机出现的概率。显然：

$$P(k_i \mid R) + P(\bar{k}_i \mid R) = 1 \qquad P(k_i \mid \bar{R}) + P(\bar{k}_i \mid \bar{R}) + P(\bar{k}_i \mid \bar{R}) = 1$$

代入式（6-14），且对其取对数，不计常数因子，得

$$\text{sim}(d_j, q) = \sum_{i=1}^{t} w_{i,j} \times w_{i,q} \times \left[\log \frac{P(k_i \mid R)}{1 - P(k_i \mid R)} + \log \frac{P(k_i \mid \overline{R})}{1 - P(k_i \mid \overline{R})} \right] \qquad (6\text{-}15)$$

式（6-15）是概率模型中最常用的相似度计算表达式，根据公式，计算文档 d_j 和查询 q 的相似度，需要对文档和查询中同时出现的所有索引项计算概率值 $P(k_i \mid R)$ 和 $P(k_i \mid \overline{R})$。而在检索开始时，并不知道集合 R 的属性，因此会对 $P(k_i \mid R)$ 和 $P(k_i \mid \overline{R})$ 进行初始化估计，常用的方法如下。

（1）$P(k_i \mid R) = 0.5$，即假定 $P(k_i \mid R)$ 对于所有索引项 k_i 是一定的，通常取值为 0.5。

（2）$P(k_i \mid \overline{R}) = \dfrac{n_i}{N}$，其中，$n_i$ 为出现索引项 k_i 的文档数目；N 为集合中总的文档的数目。

在得到概率初值以后，就可以利用式（6-15）计算查询和文档的相似度，得到一个初始的排序结果集。接下来将不断调整概率，不断逼近理想结果集。

将检索出的初始排序结果集记为 V，它是文档集的一个子集。令 V_i 表示 V 中包含索引项 k_i 的子集。则 $|V|$ 和 $|V_i|$ 分别表示相应集合中的文档个数，可以用以下公式改进对 $P(k_i \mid R)$ 和 $P(k_i \mid \overline{R})$ 进行估计。

$$P(k_i \mid R) = \frac{|V_i|}{|V|} \qquad (6\text{-}16)$$

$$P(k_i \mid \overline{R}) = \frac{n_i - |V_i|}{N - |V|} \qquad (6\text{-}17)$$

在得到调整后的概率后，就可以重新计算文档与查询的相似度，以上过程可以重复多次。

在利用式（6-16）和式（6-17）时，如果 $|V|$ 和 $|V_i|$ 比较小，如 $|V|=1$，$|V_i|=0$，就可能引起一些计算问题。为了避免这种问题发生，可以对这两个公式作不同的变形，加入一些调整因子。常用的有以下两种：

$$P(k_i \mid R) = \frac{|V_i| + 0.5}{|V| + 1} \qquad P(k_i \mid \overline{R}) = \frac{n_i - |V_i| + 0.5}{N - |V| + 1}$$

$$P(k_i \mid R) = \frac{|V_i| + \dfrac{n_i}{N}}{|V| + 1} \qquad P(k_i \mid \overline{R}) = \frac{n_i - |V_i| + \dfrac{n_i}{N}}{N - |V| + 1}$$

综上所述，利用概率模型进行检索的主要步骤如下所述。

（1）用布尔向量表示文档和查询。

（2）设定概率初值，计算每个文档与查询的相似度，排序输出初始结果集。

（3）在初始结果集，用户指定或按缺省约定选择相关文档，形成相关文档集合。

（4）根据式（6-16）和式（6-17）或其变形公式，计算初始概率分布。

（5）重新计算文档与查询的相似度，排序输出结果。

概率模型有严格的数学理论基础，文档与查询相似度计算公式以数学理论与推导为依据获得，概率模型为人们提供了一种进行检索决策的数学理论基础。概率模型具有一种内在的相关反馈机制，把检索看作逐渐逼近理想结果集的过程，可以开发出理论上更为坚实的方法。

但是概率模型也有一定的局限性。首先，在模型中假设索引项的权值是二值的，没有考虑索引项在文档中出现的次数；其次，索引项相互独立的假设也有一定局限性；需要最初把文档分为相关和不相关的集合，这是一种粗略的估计，可能存在较大偏差。

6.3 扩 展 模 型

目前，在经典模型的基础上，发展了很多信息检索模型，本节主要介绍三种：模糊集合模型、潜在语义标引（latent semantic indexing，LSI）模型、统计语言模型（statistical language model，SLM）。

6.3.1 模糊集合模型

模糊集合理论（fuzzy set theory）研究的是边界不明确的集合的表示，其中心思想是把隶属函数（membership function）和集合中的元素结合在一起。该函数的取值在区间[0,1]上，0 对应于不隶属于该集合，1 表示完全隶属于该集合，隶属值在 0 和 1 之间表示集合中的边际元素。

【定义】 论域 U 的一个模糊子集 A 可以用隶属函数来描述：$\mu_A \rightarrow [0,1]$，为 U 的每个元素 u 分配一个数值 $\mu_A(u)$，该数值在区间[0,1]上。

模糊模型是一种扩展布尔模型，布尔模型的理论基础是布尔逻辑和经典集合论，而模糊集合模型是以模糊集合理论为基础的。

【定义】 U 表示论域，A 和 B 分别表示 U 的两个模糊子集，u 表示 U 的元素，则有

$$\mu_{A \cup B}(u) = \max(\mu_A(u), \mu_B(u)) \text{ 或 } \mu_{A \cup B}(u) = \mu_A(u) + \mu_B(u) - \mu_A(u) \cdot \mu_B(u)$$

$$\mu_{A \cup B}(u) = \min(\mu_A(u), \mu_B(u)) \text{ 或 } \mu_{A \cup B}(u) = \mu_A(u) \cdot \mu_B(u)$$

$$\mu_{A-B}(u) = \mu_A(u) \cdot (1 - \mu_B(u))$$

用检索系统中的所有索引项构建一个词——词关联矩阵 C，该矩阵的行和列分别对应文档集中的索引项，定义矩阵 C 的每个元素 $c_{i,l}$ 为索引项 k_i 和 k_l 的标准化关联因子，具体定义如下：

$$c_{i,l} = \frac{n_{i,l}}{n_i + n_l - n_{i,l}} \tag{6-18}$$

其中，n_i 和 n_l 分别为包含索引项 k_i 和 k_l 的文档数目；$n_{i,l}$ 为同时包含索引项 k_i 和 k_l 的文档数目。

在模糊集合模型中，每个索引项 k_i 都有一个相关联的模糊集合，文档 d_j 关于这个模糊集合的隶属度定义如下：

$$\mu_{i,l} = 1 - \prod_{k_l \in d_j}(1 - c_{i,l}) \tag{6-19}$$

上述定义反映了索引项 k_i 和文档 d_j 的关系。如果文档 d_j 的语词与索引项 k_i 有关，则该文档属于与索引项 k_i 相关联的模糊集合。只要文档中至少有一个索引项 k_l 与 k_i 密切相关（如 $c_{i,l} \approx 1$），则 $\mu_{i,j} \approx 1$，且索引项 k_i 是文档 d_j 的一个很好的模糊索引。如果文档 d_j 所有索引项与 k_i 不是密切相关的（如 $\mu_{i,j} \approx 0$），则索引项 k_i 不是文档 d_j 的一个很好的模糊索引。

查询 q 用模糊集合 D_q 表示，是与查询析取范式的各合取分量相关联的模糊集合的并集。则文档 d_j 在模糊集合 D_q 中的隶属度定义如下：

$$\mu_{q,j} = 1 - \prod_{i=1}^{m}(1 - \mu_{cc_{i,j}}) \tag{6-20}$$

其中，m 为查询析取范式中合取分量的个数；$\mu_{cc_{i,j}}$ 为文档 d_j 在合取分量 $cc_{i,j}$ 所关联的模糊集合中的隶属度。式（6-20）可以用于对相关文进行排序，向用户排序输出与查询相关的文档。

6.3.2 潜在语义标引模型

自然语言中的语词具有模糊性。例如，存在一词多义和一义多词的现象。以索引项集合来概括文档和查询的内容可能导致检索效果的降低，或者检索结果中包含不相关的文档，或者相关文档没有被检出。因此，文档与查询的匹配应该基于概念匹配，而不是基于索引项匹配，这样才有利于提高检索效果。

潜在语义标引模型，也称为潜在语义分析（latent semantic analysis，LSA）模型，将索引项之间、文档之间的相关关系以及索引项与文档之间的语义关联都考虑在内，将文档向量和查询向量映射到与语义概念相关联的较低维度的空间中，从而把文档的索引项向量空间转化为语义概念空间；然后再在降维了的语义概念空间中，计算文档向量和查询向量的相似度，根据所得的相似度把排列结果返回给用户。

潜在语义标引模型的主要思想是将文档和查询向量映射到与概念相关联的空间，这可以通过把索引项向量映射到维数较低的空间来实现。这种观点认为，在维数降低了的空间中的检索可能优于在索引项集合中的检索。潜在语义标引模型同向量空间模型类似，都是采用空间向量表示文本，但通过奇异值分解（singular value decomposition，SVD）等处理，消除了同义词、多义词的影响，提高了后续处理的精度。

潜在语义标引模型的数学基础是 SVD。

SVD 定理：任何一个矩阵 $X_{m \times n}$，X 的秩记为 r，$r = \min(m,n)$，X 均可分解为两个正交矩阵和一个对角矩阵的乘积：

$$X = TSD^{T}$$

其中，$T_{m \times r} = (\vec{t}_1, \vec{t}_2, \cdots, \vec{t}_r)$ 为正交矩阵；$\vec{t}_1, \vec{t}_2, \cdots, \vec{t}_r$ 为 X 的左奇异向量，并且是 XX^{T} 的特征向量。$D_{n \times r} = (\vec{d}_1, \vec{d}_2, \cdots, \vec{d}_r)$ 为正交矩阵；$\vec{d}_1, \vec{d}_2, \cdots, \vec{d}_r$ 为 X 的右奇异向量，并且是 $X^{T}X$ 的特征向量。$S_{r \times r} = \mathrm{diag}(\sigma_1, \sigma_2, \cdots, \sigma_r)$ 为对角矩阵，$\sigma_1, \sigma_2, \cdots, \sigma_r$ 为 X 的所有奇异值。

如果 S 仅保留最大的 k 个奇异值，忽略其他较小的奇异值，令 $S_k = \mathrm{diag}(\sigma_1, \sigma_2, \cdots, \sigma_k)$，$T_k = X_{m \times k}$，$D_k = D_{n \times k}$，则可以得到一个秩为 k 的矩阵 X_k：

$$X_k = T_k S_k D_k^{T}$$

数学上可以证明，X_k 在最小二乘意义下是 X 最佳近似矩阵。这样就找到了一种降维的方法。SVD 利用简单可靠的数学方法，使原始矩阵塌陷，得到一个规模大大减小的近似矩阵。

在信息检索中，以索引项为行、文档为列可以构建一个大矩阵 X，矩阵元素为对应索引项在文档中的权值。文档中的词汇是有限的，因此，矩阵 X 必然是一个稀疏矩阵。根据

SVD 定理，矩阵 X 可以分解为两个正交矩阵和一个对角矩阵的乘积，即

$$X = T_0 S_0 D_0^{\mathrm{T}}$$

取正整数 k，$0 < k < r$，r 为矩阵 X 的秩，在 S_0 中，仅考虑其中最大的 k 个奇异值，取 S_0 中相应的 k 阶对角矩阵、T_0 中相应的 k 列、D_0^{T} 中相应的 k 行，可以得到三个新的矩阵 T_k、S_k、D_k，之后进行 SVD 的逆运算，得到新的矩阵 X_k：

$$X_k = T_k S_k D_k^{\mathrm{T}}$$

其中，X_k 为经过优化的语义结构矩阵；T_k 为索引项矩阵；D_k 为文档矩阵。根据 T_k 和 D_k 可以得到索引项及文档在 k 维语义空间内的坐标向量。利用 X_k，可以回答三类与文档检索密切相关的问题。

（1）索引项 t_i 与 t_j 的相似度，即索引项的类比和聚类问题。做"正向"乘法，即 $X_k \times X_k^{\mathrm{T}}$，所得结果矩阵的第 i 行第 j 列的元素大小表明了索引项 t_i 与 t_j 的相似程度。

（2）文档 d_i 与 d_j 的相似度，即文档的类比和聚类问题。做"逆向"乘法，即 $X_k^{\mathrm{T}} \times X_k$，所得结果矩阵的第 i 行第 j 列的元素大小表明了文档 d_i 与 d_j 的相似程度。

（3）索引项 t_i 与文档 d_j 的相似度，即文档和索引项的匹配问题。矩阵 X_k 的第 i 行第 j 列的元素大小表明了索引项 t_i 与文档 d_j 的相似程度。

在潜在语义标引模型中，用户可以以自然语言形式输入查询，令用户查询为 q，将 q 表示为索引项的权值向量。将查询向量映射到与概念相关联的低维语义空间：

$$q_k = q^{\mathrm{T}} T_k S_k^{-1}$$

其中，q_k 为查询式在 k 维意义空间内的坐标向量。得到查询式的坐标向量后，与文档矩阵 D_k 的每一个行向量进行比较，就可以计算出文档与查询的相似度。相似度的计算方法可以采用余弦公式。

在潜在语义标引模型中，将高维空间的文档向量（索引项向量）投影到低维的潜在语义空间，是一种半智能型模型，相较于传统的索引项匹配，这是对信息检索模型的一种改进。多数情况下，潜在语义标引模型的性能要优于向量空间模型，适用于词汇异质性高的文档集合。但是，该模型也有一定局限性，潜在语义标引的实现计算量较大，相应的理论基础也并不完善。例如，k 的选取主要依据经验和实际检验来确定。

6.3.3　统计语言模型

统计语言模型试图通过统计学和概率论对自然语言进行建模，从而获得自然语言中的规律和特性，以解决语言信息处理中的特定问题。统计语言模型产生于 20 世纪 80 年代早期，最初主要应用于语音识别中，此后逐渐应用到其他研究领域。1998 年 Ponte 和 Croft（1998）将统计语言模型应用到信息检索中，现在已经成为信息检索的重要研究领域。

用户构建查询语句时，一般是想象在相关文档中可能出现的词汇，将这些词汇作为查询词汇。信息检索中的语言模型就是模仿这样一个过程，如果一个文档模型很有可能生成一个查询，那么这个文档与这个查询较为相关。信息检索中的统计语言模型认为查询是由

一个"理想"文档产生，这个理想文档满足用户信息需求，系统的工作就是估计文档集里的每个文档是这个理想文档的可能性并据此对文档排序。用公式表示为

$$\arg\max_{D} P(D\,|\,Q) = \arg\max_{D} P(Q\,|\,D)P(D)$$

其中，Q 为查询条件；D 为文档集合中某个文档；$P(D)$ 为一篇文档符合查询条件的先验概率，对于文档集合中每篇文档来说都是相同的；$P(Q\,|\,D)$ 为给定文档 D 时生成查询 Q 的概率，是影响 $P(D\,|\,Q)$ 取值的关键。换句话说，首先需要估计每篇文档的词汇概率分布，其次计算从这个分布抽样得到查询条件的概率，并按照查询条件的生成概率来对文档进行排序。

Ponte 和 Croft（1998）将查询条件表示为二值属性构成的向量，词汇表中每个不同词汇代表了向量中的一维，用来表示词汇是否在查询条件中出现。这一方法是基于二元独立的假设：①二值假设，所有属性是二值的，如果一个词汇出现在查询条件中，代表该词汇的属性值被设置成 1，否则设置为 0；②词汇独立假设，文档中词汇之间的关系是正交关系，也就是说是相互独立的，不考虑词汇之间的相互影响。

6.4　本章实验

实验名称：文本的向量化表示。

实验目的：通过实验操作，加深对文档权值计算方法与向量空间模型的理解，进而辅助对信息检索模型的理解。

实验内容：利用文本挖掘工具 ROSTCM6 计算文本的 TF-IDF 权值，将文档表示为关键词权值向量的形式。

实验步骤：

（1）下载 ROSTCM6 工具包，解压缩后运行 ROSTCM6.exe。

（2）准备好待处理的多个文本文件，将所有文件保存为.txt 格式，注意将编码转换为 ROSTCM6 工具所需要的形式。

（3）点击 ROSTCM6 菜单栏的"功能性分析"，选择"TF/IDF 批量词频分析"。

（4）新窗口中点击"批量打开文件"，选择待处理文件所在文件夹以打开文件，点击"计算批量文件 IDF"，选择需要向量化表示的文档，点击"计算当前所选文件 TF-IDF 值"。

（5）获得文档的 TF-IDF 值后，将文档表示为权值向量的形式。

第7章 文本信息检索

7.1 文本信息检索概述

文本信息检索是信息检索的核心领域与经典领域之一，也是用户日常使用中接触最多的一类检索。

文本是基于一定的语言符号系统而形成的一个有限符号序列，也是知识交流的主要方式。按照生成方式，文本可以分为人工语言文本和自然语言文本。人工语言文本是人为设计的，如程序语言文本；自然语言文本是人类使用过程中产生的，是文本信息处理领域关注的重点。文本文件是由若干行字符构成的计算机文件，存在于计算机文件系统中，常用的文本文件格式包括 TXT 格式、DOC（DOCX）格式、WPS 格式、RTF 格式、PDF 格式等。

文本信息处理还需要了解字符集及其编码标准的相关知识。字符集及其编码标准是计算机输入、处理和显示各种字符的技术基础。字符（character）是文字与符号的总称，包括文字、图形符号、数学符号等。一组抽象字符的集合就是字符集（character set）。字符集常常和一种具体的语言文字对应起来，该文字中的所有字符或者大部分常用字符构成了该文字的字符集，如英文字符集、中文简体字符集等。在计算机中，所有的数据在存储和运算时都要使用二进制数表示，计算机要处理各种字符，就需要将字符和二进制内码对应起来，这种对应关系就是字符编码（character encoding）。编码标准有很多，如 ASCII（American standard code for information interchange，美国信息交换标准码）、Unicode、GB/T 2312—1980 等。

在信息检索中，文本信息处理的主要目标是将连续的文本处理为字词单元，为后续的自动标引和索引的建立奠定基础。其主要工作包括文本词汇分析、停用词过滤和词干提取等。在经过文本信息处理后，将得到候选的标引词。

文本处理后，就可以进行自动标引和建立索引了。自动标引是从候选标引词中选取正式标引词，这些正式标引词与文本的内容关系密切，可以表达文本的内容。建立索引是将文本信息组织成某种便于检索的结构，其目的是加速查询，常用的索引结构如倒排文档。

查询处理（query processing）主要解决查询构造、相关反馈和查询扩展等问题。查询处理提取用户需求特征进行表示，在提交检索结果后通过相关反馈使检索结果进一步优化，也可以通过查询扩展为用户提供查询建议。

7.2 文本信息处理

7.2.1 文本词汇分析

1. 基本概念

文本词汇分析主要是对文档中的文本（字符）进行识别或转换成词的过程，这些词可以作为标引词。通常这一步的分析处理称作分词或断词。不同语种的文本在词汇分析方法上通常有一定差异，本节主要以英文和中文为例说明文本词汇分析的方法。

英文单词间有天然的隔断标志——空格，因此，英文分词相较于中文分词而言要相对容易。但英文分词也有其特定的困难。例如，英文中的句点、撇号、连字符等很容易引起切分歧义。句点"."是英文中最常引起歧义的符号，也是最难处理的符号。它可以表示句子的结尾、缩写的一部分或小数点。撇号"'"主要用于构成英文的动词缩写式和名词所有格。连字符"-"主要用处是标志合成词以及用在排版工序上。这些符号由于用法不唯一，在进行分词处理时很容易引起切分歧义。

中文分词面临的首要问题是如何定义一个词。中文词的定义没有统一的标准，语言学家从不同的角度对词进行定义。我国的国家标准《信息处理用现代汉语分词规范》（GB/T 13715—1992）中将词定义为"最小的能独立运用的语言单位"，将词组定义为"由两个或两个以上的词，按一定的语法规则组成，表达一定意义的语言单位"，而将分词单位定义为"汉语信息处理使用的、具有确定的语义或语法功能的基本单位"。中文文本书写过程中并不分词连写，对词组和词、单字语素及单字词的划分因人而异，甚至因时而异。中文信息处理现在需要制定统一的分词标准，否则将严重影响计算机的处理。

中文分词算法的主要困难是歧义消除和未登录词识别。分词歧义指在一个句子中，一个字串可以有多种不同的切分方法，一个句子经常对应几个合法词序列，因此，中文分词中的一个重要问题就是在所有这些可能的序列中选出一个正确的结果。分词歧义是中文分词的主要困难，主要包括交集型歧义（交叉歧义）和组合型歧义（覆盖歧义）。交集型歧义就是字串 ABC，可以切分为 AB/C，又可以切分为 A/BC。例如，"我们小组合成氢气了"中的"组合成"，既可以切分为"组合/成"，也可以分为"组/合成"。组合型歧义就是对于字串 AB，可以切分为 AB，又可以切分为 A/B。例如，"我马上下来"中的"马上"，既可以切分为"马上"，也可以切分为"马/上"。对于交集型歧义，可以用动态规划来解决，对于组合型歧义，可以用统计语言模型来解决。

未登录词即没有被收录在分词词表中但必须切分出来的词，包括中外人名、地名、机构组织名、事件名、货币名、缩略语、派生词、各种专业术语及不断发展和约定俗成的一些新词语。这是一个种类繁多、形态组合各异、规模宏大的领域。对这些词语的自动辨识，是一件困难的事。

2．中文分词的主要方法

目前，中文分词的主要方法包括以下几种[①]。

1）基于词典的方法

其也叫机械分词法，按照一定的策略将待分析的汉字串与一个"充分大的"机器词典中的词条进行匹配，若在词典中找到某个字符串，则匹配成功（识别出一个词）。具体方法包括正向最大匹配法、逆向最大匹配法、双向最大匹配法、逐词遍历法、设立切分标志法和最佳匹配法等。

正向最大匹配法即从左向右取代切分汉语句的 m 个字符作为匹配字段，m 为大机器词典中最长词条个数，查找大机器词典并进行匹配，若匹配成功，则将这个匹配字段作为一个词切分出来；若匹配不成功，则将这个匹配字段的最后一个字去掉，剩下的字符串作为新的匹配字段，进行再次匹配，重复以上过程直到切分出所有词为止。

逆向最大匹配法与正向最大匹配法方向相反，最大匹配的顺序不是从首字母开始，而是从末尾开始，由右向左，匹配不成功，将匹配字段的最前一个字去掉。

双向最大匹配法将正向最大匹配法得到的分词结果和逆向最大匹配法得到的分词结果进行比较，从而决定正确的分词方法。

逐词遍历法是把词典中的词按照由长到短递减的顺序逐字搜索整个待处理的材料，一直到把全部的词切分出来为止。这种方法每次分词处理，都需要遍历整个分词词典。

设立切分标志法。切分标志有自然和非自然之分。自然切分标志是指文章中出现的非文字符号，如标点符号等；非自然标志是利用词缀和不构成词的词（包括单音词、复音节词以及象声词等）。设立切分标志法，首先收集众多的切分标志，分词时先找出切分标志，把句子切分为一些较短的字段，再用正向最大匹配法、逆向最大匹配法或其他的方法进行细加工。这种方法并非真正意义上的分词方法，只是自动分词的一种前处理方式，要额外消耗时间扫描切分标志，增加存储空间存放那些非自然切分标志。

最佳匹配法分为正向的最佳匹配法和逆向的最佳匹配法，其基本思想是在词典中按词频的大小顺序排列词条，以求缩短对分词词典的检索时间，达到最佳效果，从而降低分词的时间复杂度，加快分词速度。实质上，这种方法是一种对分词词典的组织方式，并不是纯粹意义上的分词方法。最佳匹配法的分词词典每条词的前面必须有指明长度的数据项，所以其空间复杂度有所增加，对提高分词精度没有影响，分词处理的时间复杂度有所降低。

基于词典的方法简单，易于实现。缺点是匹配速度慢；存在交集型和组合型歧义切分问题；词本身没有一个标准的定义，没有统一标准的词集，不同词典产生的歧义也不同；缺乏自学习的智能性。

2）基于统计的分词方法

上下文中，相邻的字同时出现的次数越多，就越有可能构成一个词。因此字与字相邻出现的概率或频率能较好地反映词的可信度。可以对训练文本中相邻出现的各个字组合的

---

① 《NLP|中文分词技术及应用》，网址为 https://blog.csdn.net/ScarlettYellow/article/details/80458043[2018-05-25]。

频度进行统计,计算它们之间的互现信息。互现信息体现了汉字之间结合关系的紧密程度。当紧密程度高于某一个阈值时,便可以认为此字组可能构成了一个词。该方法又称为无字典分词。主要的统计模型有 N-gram 模型、隐马尔可夫模型(hidden Markov model,HMM)和最大熵模型(maximum entropy model,MaxEnt)等。

N-gram 模型,称为 N 元模型,该模型假设第 n 个词的出现只与前面 $n-1$ 个词相关,与其他词都不相关,整个语句的概率就是各个词出现概率的乘积。而这些概率,可以利用语料统计同时出现 n 个词的次数计算得到。常用的模型是 Bi-gram 模型和 Tri-gram 模型。

隐马尔可夫模型是关于时序的概率模型,描述由一个隐藏的马尔可夫链随机生成的不可观测的状态序列,再由各个状态生成一个观测,从而产生观测序列的过程。

最大熵模型认为,学习概率模型时,在所有可能的概率模型中,熵最大的模型是最好的模型。若模型要满足一些约束条件时,则最大熵原理就是在满足已知条件的概率模型集合中,找到熵最大的模型。因而最大熵模型指出,在预测一个样本或者一个事件的概率分布时,首先应当满足所有的约束条件,进而对未知的情况不做任何的主观假设。在这种情况下,概率分布最均匀,预测的风险最小,因此得到的概率分布的熵最大。

基于统计的分词方法在实际应用中,通常结合基本的分词词典,发挥两种方法的优势。

3)基于理解的分词方法

基于理解的分词方法是通过让计算机模拟人对句子的理解,达到识别词的效果。其基本思想就是在分词的同时进行句法、语义分析,利用句法信息和语义信息来处理歧义现象。采用这种方法的系统通常包括三个部分:分词子系统、句法语义子系统、总控部分。在总控部分的协调下,分词子系统可以获得有关词、句子等的句法和语义信息来对分词歧义进行判断,即模拟了人对句子的理解过程。这种分词方法需要使用大量的语言知识和信息。目前基于理解的分词方法主要有专家系统分词法、神经网络分词法和神经网络专家系统集成式分词法等。

(1)专家系统分词法。该方法将分词所需要的语法、语义及句法知识从系统的结构和功能上分离处理,将知识的表示、知识库的逻辑结构与维护作为首要考虑的问题。知识库按常识性知识与启发性知识(如歧义切分规则)分别进行组织。知识库是专家系统具有"智能"的关键性部件。

(2)神经网络分词法。该方法是模拟人脑并行、分布处理和建立数值计算模型工作的。它将分词知识所分散隐式的方法存入神经网络内部,通过自学习和训练修改内部权值,以达到正确的分词结果,最后给出神经网络自动分词结果,如使用 LSTM(long short-term memory,长短期记忆网络)、GRU(gate recurrent unit,门控循环单元)等神经网络模型等。

(3)神经网络专家系统集成式分词法。该方法首先启动神经网络进行分词,当神经网络对新出现的词不能给出准确切分时,激活专家系统进行分析判断,依据知识库进行推理,得出初步分析,并启动学习机制对神经网络进行训练。该方法可以较充分发挥神经网络与专家系统二者优势,进一步提高分词效率。

3．中文分词的主要工具

目前，国内已经有一些比较常用的中文分词工具，如 jieba、SnowNLP、THULAC、NLPIR 等。

jieba 分词是国内使用人数最多的中文分词工具（链接：https://github.com/fxsjy/jieba）。jieba 分词支持三种模式：①精确模式，试图将句子最精确地切开，适合文本分析；②全模式，把句子中所有的可以成词的词语都扫描出来，速度非常快，但是不能解决歧义；③搜索引擎模式，在精确模式的基础上，对长词再次切分，提高召回率，适合用于搜索引擎分词。

SnowNLP 是一个 Python 写的类库（链接：https://github.com/isnowfy/snownlp），可以方便地处理中文文本内容。除了分词以外，SnowNLP 还可以实现情感分析、文本分类、文本摘要提取等功能。

THULAC 由清华大学自然语言处理与社会人文计算实验室研制推出的一套中文词法分析工具包（链接：https://github.com/thunlp/THULAC-Python），具有中文分词和词性标注功能。

NLPIR 分词系统（前身为 2000 年发布的 ICTCLAS 词法分析系统，链接：https://github.com/NLPIR-team/NLPIR），是由北京理工大学张华平博士研发的中文分词系统，经过十余年的不断完善，拥有丰富的功能和强大的性能。NLPIR 是一整套对原始文本集进行处理和加工的软件，提供了中间件处理效果的可视化展示，也可以作为小规模数据的处理加工工具。主要功能包括：中文分词、词性标注、命名实体识别、用户词典、新词发现与关键词提取等功能。

7.2.2　停用词过滤

停用词（stop words）是指在文本信息处理中被过滤掉的词。停用词的过滤有利于节约存储空间，提高查询效率。停用词的选择取决于信息检索系统的定位，通常包括两类：一类是功能词，如介词、连词、代词、冠词、数量词等，这些词在文本中大量存在，一般不能独立表达实际意义；另一类词是高频词，高频词虽然可以独立表达意义，但由于数量巨大，缺少对文档的区分能力，对于标识文本特征、提供查询入口的作用不明显。在用户输入查询时，如果用户的查询中包含停用词，信息检索系统通常也会将其过滤。

停用词都是人工输入、非自动化生成的，生成后的停用词会形成一个停用词表。常用的中文停用词表包括哈尔滨工业大学停用词表、四川大学机器智能实验室停用词库、百度停用词表等。以下从左至右分别为三个词表的部分示例[①]。

第二	常言说得好	一
一番	何乐而不为	一下
一直	毫无保留地	一些

---

① 资料来源：https://github.com/goto456/stopwords[2023-01-30]。

一个	由此可见	一切
一些	这就是说	一则
许多	这么点儿	一天
种	一综上所述	一定
有的是	总的来看	一方面
也就是说	总的来说	一旦
末##末	总的说来	一时

停用词过滤虽然可以节省存储空间、提高查询效率，但也存在一定的副作用。过滤某些停用词会改变用户的查询意图，如对于查询 "to be or not to be"，过滤停用词后将无法返回用户需要的结果。

7.2.3　词干提取

英语词汇包括词干和词缀两部分。词干是单词不可或缺的部分，有的词干可以单独成词，词缀分为前缀和后缀，前缀通常会改变词的语义，所以英语中词干提取通常指去除后缀。

词干提取（stemming）也称为词干化、词干法等。对于信息组织而言，词干提取可以减少索引文件的大小，使用一个词干代替其对应的多个变形词作为索引词，可以将索引文件大幅压缩。对于信息检索而言，词干提取可以提高召回率，用户输入查询，可以检索出与用户输入语词具有相同词干的所有语词。

词干提取最简单的方法是查表法，即首先建立一个英文单词及其词干的对应表格，提取词干时基于表格进行匹配和转换。这种方法省略了对词缀的处理，原理简单，但会占据大量的存储空间。单词和词干对应表格的建立，有时会面临数据资源获取困难的问题。

此外，词干提取还可以采用后缀去除算法、随机算法、匹配算法、N-gram 算法等。在众多词干提取算法中，Porter 词干算法是影响深远和非常著名的算法。Porter 词干算法最早由马丁·波特在 1980 年发表，该算法的基本原理是基于规则去除后缀，该算法被广泛应用，成为英文词干提取中一个事实上的评判标准。该算法后续进行了一些调整和优化，推出多种编程语言版本，可以在其官网下载（https://tartarus.org/martin/PorterStemmer/）。

7.3　自动标引与索引

7.3.1　自动标引

自动标引（automatic indexing），又称计算机辅助标引（computer aided indexing），是根据信息内容，依靠计算机系统全部或部分地自动给出标引符号的过程。换句话说，就是利用计算机系统模仿人的标引活动并自动生成信息检索所需的标引符号的过程。按人工介入与否分为全自动标引与半自动标引。按标引词来源分为自动抽词标引与自动赋词标引。

自动抽词标引是指直接从原文中抽取词或者短语作为标引词来描述文献的主题内容，大致过程如下。

（1）使用计算机分析文献正文或者文摘。

（2）对照停用词表，从正文或者文摘中删除高频的语法功能词（如 a、the 等）。

（3）对保留词的词干进行加工，去掉后缀（或前缀），将每个词还原到其词根。

（4）先分析词根在正文中出现的频率，再按加权函数导出各词根的权值。

（5）将权值大于特定阈值的词选作标引用的关键词。

在自动赋词标引过程中，标引词不是来自文献本身，而是来自受控词表，所以需要人工预先编制好高效率的受控词表。主要过程如下。

（1）为每一个控制词编制一个词情文档（相当于词表）。

（2）分析文献正文或者摘要，找出其中的重要关键词。

（3）将重要关键词与词情文档进行比较。

（4）如果文献中出现了与词情文档中匹配的语词，则该语词是相关的，并确定将该词用于标引。

经过文本信息预处理后，可以得到候选的标引词。自动标引需要完成的主要工作即从候选的标引词中选出正式的标引词。自动抽词标引和自动赋词标引，虽然最终确定的标引词的来源不同，但都涉及在候选的标引词中选取重要关键词的问题。不同的处理方式产生了不同的自动标引方法。具体方法大致可以分为以下几类。

（1）词频统计标引法。词频统计标引法是以语词在信息资源中出现的频率作为选取正式标引词的依据。一种具有代表性的词频统计标引法是 20 世纪 50 年代 Luhn（卢恩）提出的方法。Luhn 根据齐普夫定律，提出选用中频词作为标引词的方法。该方法的核心思想认为，高频词多数为语法功能词，不具备标引意义，而低频词通常不会是作者阐述信息资源主题所选用的词，因此，也不具备标引意义。

（2）加权统计标引法。加权统计标引法是在选取正式标引词的过程中，引入语词加权方案，计算候选标引词的权值，基于权值选取正式标引词。比较有代表性的加权统计标引法包括位置加权法和逆文档频率法。位置加权法是将词在文献中出现的位置作为权值计算的依据。例如，语词出现在文献标题中，权值可以为 4，出现在文献摘要中，权值可以为 3，出现在正文中，权值为 2，等等。逆文档频率法是应用广泛的语词加权方案，其基本思想是字词的重要性随着它在文档中出现的次数呈正比例增加，但同时会随着它在语料库中出现的频率呈反比例下降。

（3）N-gram 标引法。N-gram 是一种统计语言模型，用来根据前（$n-1$）个 item 来预测第 n 个 item。在应用层面，这些 item 可以是音素（语音识别应用）、字符（输入法应用）、词（分词应用）或碱基对（基因信息）。一般来讲，可以从大规模文本或音频语料库生成 N-gram 模型[①]。在 N-gram 模型中，n 的取值通常小于 5。N-gram 标引法是将 N-gram 模型

[①] 资料来源：https://blog.csdn.net/ahmanz/java/article/details/51273500[2016-04-28]。

应用于文本分词处理和关键词的提取，如 Cohen（科恩）在 1995 年提出的标引法就是具有代表性的方法（Cohen，1995）。

（4）统计学习标引法。统计学习标引法可以分为学习过程和标引过程两个阶段，学习过程建立候选标引词与对其标引产生正反不同作用的促进词和削弱词集合之间的关系，标引过程根据候选标引词在这种关系中的权值及其词频来确定该词是否可以成为正式标引词。

（5）基于句法分析的自动标引。这种方法通过分析句子中每个词的语法作用以及词之间的语法关系来选择具有标引意义的词或短语。基于句法分析的标引法一般要借助一定的解析规则或语法词典，需要较多的人工干预。句法分析可以分为浅层句法分析和深层句法分析。浅层句法分析，也叫部分句法分析或语块分析，是与深层句法分析相对的，深层句法分析要求通过一系列分析过程，最终得到句子的完整的句法树。而浅层句法分析则不要求得到完全的句法分析树，只要求识别其中的某些结构相对简单的成分，如非递归的名词短语、动词短语等。

（6）基于语义分析的自动标引。这种方法通过分析词和短语在特定上下文中的确切含义，选择与主题含义相同的词或短语作为正式标引词。学者已经提出了一些基于语义分析的自动标引方法，如潜在语义标引法、信度函数模型、语义向量空间模型等。

（7）基于本体的自动标引。本体是构成语义网知识结构的基础，通过本体对语义网中的概念关系及在此基础上的规则进行定义，从而进行语义上的推理和判断。基于本体的自动标引一般包括文档处理、本体解析、向量抽取等三个功能。文档处理的主要作用是提取待标引文档的核心词汇集，本体解析的主要作用是读取和理解本体，向量抽取的作用是以文档的核心词汇为输入，生成该文档的语义向量。

（8）基于人工智能的自动标引。基于人工智能的自动标引方法是让机器从事标引工作中的脑力劳动，让计算机模拟标引人员完成标引文献的工作。例如，采用专家系统，基于知识库实现自动标引。

自动标引的技术从最初的绝对词频法，发展到加权统计法，再到各种机器学习的方法及人工智能的方法，从基于句法分析的方法到基于语义分析的方法，再到基于本体的方法，该领域的研究和实践呈现出多元化的方法。目前自动标引领域还没有哪一种方法可以达到标引人员的标引能力，多种标引方法集成则是未来的发展趋势。

自动赋词标引涉及语词的转换，即将从原始信息中抽取的关键词转换为受控词，目前有效可行的方法包括以下几种。

（1）使用关键词–受控词对照表：该表含有关键词与规范化的主题词、副主题词、特征词之间的对照关系，由此对应转换。

（2）利用词汇相似度：大多数意义相同或相近的词之间字符全部或部分相同，关键词与主题词之间存在一定程度的相似性，可通过某些算法计算出来，根据相似性确定相应的主题词。

7.3.2　文本索引

经过文本信息预处理以及自动标引后，可以得到一组标引词序列，之后面临的问题是将这些标引词序列组织起来，建立某种便于检索的结构。建立索引，就是将原始数据转换为一个能快速查询的结构，这种结构就叫作索引（index）。索引是这样一种结构，可以在标引词及包含该标引词的文档（或文档中的位置）之间建立一种映射关系，从而加速查询。常用的索引结构包括倒排文档（inverted file）、后缀数组（suffix array）和签名文件（signature file）。本节重点介绍倒排文档技术。

1．倒排文档

倒排文档也称为倒排索引或倒排文件，是实现单词–文档矩阵的一种具体存储形式，通过倒排文档，可以根据单词快速获取包含该单词的文档列表。

倒排文档主要由两部分组成：词汇表（vocabulary 或 dictionary）和记录表（posting list）。词汇表是文档或文档集合中所包含的所有不同单词的集合，除单词外，通常还包含关于该单词的一些统计信息和指向记录表对应记录的指针。记录表中记录了包含特定单词的所有文档的文档列表及单词在该文档中出现的位置信息，每条记录称为一个倒排项。

利用倒排文档进行检索，通常分为三个步骤。

（1）词汇表检索。将出现在查询中的单词分离出来，在词汇表中检索。可以将词汇表作为一个独立的文件进行检索，也可以将词汇表文件全部调入主存中，从而加快检索速度。词汇表的存取是实现倒排文档查询的第一步，需要非常高的存取效率，往往需要设计特殊的数据结构，常用的方法包括排序数组、B 树、Trie 树等。

（2）记录表检索。检索出所有找到单词对应的记录表。

（3）记录表操作。对检索出的记录表进行后处理，用以实现短语查询、相邻查询、布尔查询等。如果查询中仅包含一个单词，从词汇表中找到该单词，再从记录表中取出对应的记录表即完成检索操作。如果查询中包含多个单词，则需要将各个单词检索出的记录表进行合并。

建立倒排文档的过程即建立索引的过程。首先需要在文档中提取可用于建立索引的字段，在索引字段后附上文档记录号；之后需要对所有索引字段进行排序，对相同内容进行归并，添加频次、记录号等相关内容。以下将以两个文档为例，介绍倒排文档建立的基本流程。

假设文档集合中包含两个文档，文档 1 和文档 2。

文档 1：Now is the time for all good men to come to the aid of their country。

文档 2：It was a dark and stormy night in the country manor. The time was past midnight。

倒排文档的基本建立流程可以描述如下。

步骤 1：文档被解析并抽取标引词，标引词与文档记录号一起保存。

步骤 2：所有文档解析完成后，排序倒排文档。

步骤 3：合并同一文档的相同词并添加词频信息。如图 7-1 所示。

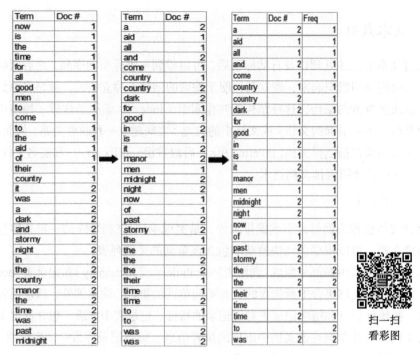

图 7-1　倒排文档生成步骤 1～步骤 3

步骤 4：将倒排文档分为词汇表和记录表。如图 7-2 所示。

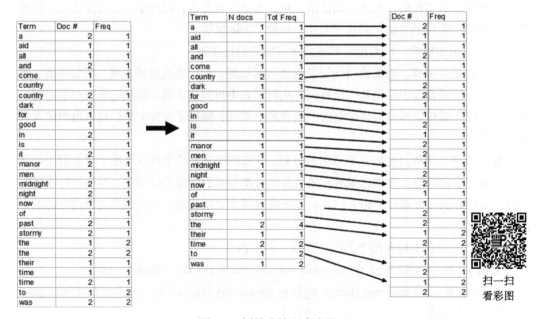

图 7-2　倒排文档生成步骤 4

经过以上处理，原始文档集合中的文档将转换为一种便于检索的有序结构。在实际应用中，倒排文档需要配合主文档使用。

2. 后缀数组

在倒排文档中，文本被视作单词组成的序列，这在某种程度上限制了倒排文档的应用。例如，在一些应用中没有单词的概念。利用后缀数组建立索引，是将文本看作一个长字符串，文本中的每个位置都被视作文本的一个后缀，也就是一个从当前文本位置到文本末尾的字符串。索引的位置可以是每个字符的位置、单位的位置或汉字的位置。后缀数组就是对文本中的所有后缀按照字典序存放每个后缀对应的起始位置的一个列表。数学表示如下。

一个字符串 S 是将 n 个字符顺次排列形成的数组，n 称为 S 的长度，表示为 $\text{len}(S)$。S 的第 i 个字符表示为 $S[i]$。

字符串 S 的子串 $S[i, j]$，$i \leqslant j$，表示 S 串中从 i 到 j 这一段，也就是顺次排列 $S[i]$，$S[i+1], \cdots, S[j]$ 形成的字符串。

后缀是指从某个位置 i 开始到整个串末尾结束的一个特殊子串。字符串 S 从 i 开头的后缀表示为 $\text{Suffix}(i)$，也就是 $\text{Suffix}(i) = S[i, \text{len}(S)]$。

后缀数组 SA 是一个一维数组，它保存 $1, 2, \cdots, n$ 的某个排列 SA[1], SA[2], $\cdots$, SA[n]，并且保证 $\text{Suffix}(\text{SA}[i]) < \text{Suffix}(\text{SA}[i+1])$，$1 \leqslant I < n$。也就是将 S 的 n 个后缀从小到大进行排序，之后把排好序的后缀的开头位置顺次放入 SA 中。

例如，字符串 $S = \text{banana\$}$，各个位置及对应字符如下所示。

i	1	2	3	4	5	6	7
S[i]	b	a	n	a	n	a	$

字符串的结尾是特殊字符$，用作特殊标志。该字符串有以下后缀。

i	1	2	3	4	5	6	7
Suffix[i]	banana$	anana$	nana$	ana$	na$	a$	$

后缀经过升序排序后，如下。

i	7	6	4	2	1	5	3
Suffix[i]	$	a$	ana$	anana$	banana$	na$	nana$

则后缀数组 SA = [7, 6, 4, 2, 1, 5, 3]。

由于后缀数组中的索引点是按照语法顺序存储的，因此后缀数组的检索思想是对其进行二分查找。例如，查找以"text"开头的后缀，先确定两个边界模式 $P_1 = $"text"、$P_2 = $"texu"，对这两个模式进行二分查找，其查找结果对应后缀数组中的两个位置，这两个位置之间的所有位置就是所要查询的结果。二分查找也称折半查找（binary search），它是一种效率较高的查找方法。其要求线性表必须采用顺序存储结构，而且表中元素按关键字有序排列。首先，假设表中元素是按升序排列，将表中间位置记录的关键字与查找关键字比较，如果两者相等，则查找成功；否则利用中间位置记录将表分成前、后两个子表，如果中间位置记录的关键字大于查找关键字，则进一步查找前一子表，否则进一步查找后一子表。重复以上过程，直到找到满足条件的记录，使查找成功，或直到子表不存在为止，此时查找不成功。

3. 签名文件

签名文件是基于散列技术的面向单词的索引结构，索引占用的空间大约为原始文档的30%～40%。但是，由于采用这种方法时需要顺序比较，时间复杂度为线性，因此，这种技术只适用于小规模的文本。

利用签名文件进行索引，首先把文本分为若干块，每个块有若干单词；其次利用散列函数，为每一个单词分配一个签名，一个单词的签名是一个位向量；再次将块中每个单词的签名进行逐位或运算，可以得到一个位掩码；最后，所有文本块的位掩码序列构成了文本的签名文件。

例如，有一文本块中的关键词为"文本""英语""单词""信件"，假设将这些关键字经某哈希表散列成固定位的位向量（以 6 位为例），分别为 hash（文本）＝ 000110，hash（英语）＝ 110001，hash（单词）＝ 001101，hash（信件）＝ 000111，这些数字向量即关键词的签名，然后将这些签名做或运算，就得到文本块的签名。

利用签名文件检索单个单词时，首先利用相同的散列算法生成该单词对应的签名 S，将 S 与所有文本块的签名 S_i 依次进行比较，即计算 $S\&S_i$ 是否与 S 相等，其中，&表示按位与运算。如果相等，说明 S 含有的位，S_i 也含有，即 S_i 文本块可能含有要查找的单词，形成候选文本块。然后，对所有候选文本块执行字符串匹配，确定是否真正含有要查找的单词。

7.4 查 询 处 理

7.4.1 查询构造方法

信息检索系统根据用户的需求，检索出一系列与用户需求相关的文档。系统需要用户提交一些信息用来刻画用户的需求，这些信息形式化地描述了用户感兴趣的内容，是用户与检索系统交互的关键部分。通常，把这些用户提交的信息称为查询。查询构造方法包括单一词查询、上下文查询和布尔查询等（刘挺等，2008）。

单一词查询是指由一个单词或词语构成的查询，是最基本的查询构造方法。一般情况下，可以将文档看作单词的集合，用户提交单一词作为查询，系统将该单词与文档中的单词进行匹配，如果文档中出现该单词则认为当前文档与用户查询是相关的。

上下文查询允许用户在文档中检索短语。主要方法是将位置邻近并且能够反映上下文关系的相关单一词排列起来，组成一个词语串进行查询，提交给检索系统。具体可以分为短语查询和相邻词查询。短语查询将查询中的所有索引词看作一个词语串，如果文档中检索到这个完整的词语串，则认为该文档是相关文档。相邻词查询允许索引词之间有一定距离。

布尔查询是目前比较常用的一种查询构造方法。一个布尔查询表达式是由众多子查询表达式和连接的布尔运算符构成的。

7.4.2 相关反馈

1. 基本概念

对于任一个查询，总存在一个理想的查询结果集，这个理想结果集中包含与查询相关的文档，而不包含与查询不相关的文档。相关反馈就是试图通过用户的参与，不断将用户的查询意愿反馈给系统，使查询结果逐步逼近理想结果集。相关反馈的过程一般包含以下步骤：①用户提交初始查询的关键词，系统对查询主题进行表达；②经过不同的信息检索模型，系统返回初次检索后的文档排序集合；③用户参与对检索出的部分结果进行相关性判断，显式地将它们标注为相关或者不相关（显式反馈信息），或者系统通过收集数据、自动分析，估计用户对部分结果的满意度（隐式反馈信息）；④系统基于用户的反馈信息，针对不同的检索模型，更新原始的查询条件，形成新的查询；⑤系统利用新查询进行重新检索，生成新的检索结果排序（于莹莹等，2016）。以上过程可以反复多次。

信息检索系统中根据反馈的用户是否真正参与分为两类反馈技术：①伪相关反馈机制。系统默认自己检索出的结果中含有大量相关的文档，从中取出前 N 篇作为相关文档对查询进行调整或扩展。②用户参与的反馈机制。系统检索出初始结果后提交给用户由用户判断文档是否相关从而进行调整和查询。

2. 向量空间模型中的相关反馈

向量空间模型把文档和查询都看成标引词组成的向量，可以通过计算两个向量的余弦函数值来表示两个向量之间的相似度。向量空间模型中的反馈主要就是通过对检索结果的相关性判定重新调整查询向量。

罗基奥（Rocchio）在 1971 年提出了一种反馈的方法：

$$q_{opt} = \frac{1}{|C_r|} \sum_{\forall d_j \in c_r} d_j - \frac{1}{N - |C_r|} \sum_{\forall d_j \in c_n} d_j \tag{7-1}$$

其中，q_{opt} 为优化后的查询；N 为文档集的大小；C_r 为文档集中相关文档的集合；C_n 为文档集中非相关文档的集合；$|C_r|$ 为相关文档的数量；d_j 为单个文档向量。

式（7-1）中 C_r 是未知量，因此直接应用该公式较为困难。Rocchio 提出了一个近似公式，即向原始的查询表达式中加入相关文献中相关的检索词，同时从查询中去除不相关文献中出现的检索词。其近似式如下：

$$q_{i+1} = \alpha q_i + \beta \frac{1}{|D_r|} \sum_{\forall d_j \in D_r} d_j - \gamma \frac{1}{|D_n|} \sum_{\forall d_j \in D_n} d_j \tag{7-2}$$

其中，q_{i+1} 为修改后的查询向量；q_i 为原有查询向量；D_r 为检出的文档中相关文档的集合；

D_n 为检出的文档中非相关文档的集合；α、β 以及 γ 为用于调整的三个常量，β 部分用于正反馈，γ 部分用于负反馈，α、β、γ 的取值比率决定了在调整检索词的权重时原先的查询、相关文献、不相关文献之间的相对重要性。几种常用取值方法：$\alpha = \beta = \gamma = 1$ 或 $\alpha = \beta = 1$，$\gamma = 0$。

艾德（Ide）在 Rocchio 工作的基础上，又提出两种改进方案。

Ide-regular：

$$q_{i+1} = \alpha q_i + \beta \sum_{\forall d_j \in D_r} d_j - \gamma \sum_{\forall d_j \in D_n} d_j \qquad (7\text{-}3)$$

Ide-Dec-Hi：

$$q_{i+1} = \alpha q_i + \beta \sum_{\forall d_j \in D_r} d_j - \gamma \max_{\substack{\text{不相关}}}(d_j) \qquad (7\text{-}4)$$

式（7-3）是在 Rocchio 公式的基础上做了细微的调整。式（7-4）则对不相关文档部分进行了较大调整，把用户认为最不相关的那篇文档或不相关文档中与查询 q_i 最相似的文档向量作为负反馈，其他的不相关文档则不予考虑。

3．概率模型中的相关反馈

经典的概率模型本身就是一个相关反馈的模型。相关反馈过程如下。

（1）用布尔向量表示文档和查询。

（2）设定概率初值，计算每个文档向量和查询向量的相似度。

（3）排序输出结果。

（4）在初始结果集，用户指定或按缺省约定选择相关文档，形成相关文档集合。

（5）计算初始概率分布。

（6）重新计算各文档和查询的相似度，排序输出最终结果集。

概率模型不同于向量空间模型。它考虑的是检索词在相关文档、不相关文档中的概率分布，不考虑对查询词进行修改。用户对检出文档进行相关性判断，系统利用该反馈信息，根据每个检索词在相关和不相关文档集中的分布情况来修改其相关概率，从而计算出各自的权重，并根据包含在每篇文档中与查询表达式中匹配的检索词的相关权重计算出文档的权值，据此对文献进行排序输出。

7.4.3 查询扩展

信息检索中由于一般用户在检索时输入的关键词过于短少，在信息比对上极易产生检索结果与用户需求不匹配的查准率低和检索结果不全面、漏查的查全率低的问题。查询扩展是提高检索性能的有效手段，是利用计算机语言学、信息学等多种技术，把与原查询相关的语词或者与原查询语义相关联的概念以逻辑或方式添加到原查询，得到比原查询更长的新查询，然后检索文档，以改善信息检索的查全率和查准率。

查询扩展依据用户的参与程度可以分为自动查询扩展和交互式查询扩展。自动查询扩展允许用户与系统交互，但是选择扩展用的索引词必须由系统自动完成；在交互式查询扩展中，用户可以最终决定扩展用的索引词。

查询扩展需要考虑扩展源，即提供扩展用的索引词的文档集合。一种方法为扩展源是检索出的文档集合，利用原始查询检索出的文档被检索系统认为是相关的，可以作为查询扩展的扩展源，这种方法称为局部的分析方法；另一种方法不依赖检索过程，而是以整个文档集合的某种知识结构为扩展源，这种方法称为全局的分析方法。此外，扩展源也可以是用户日志或某种包含词与词间相关信息的资源。

1. 基于全局的查询扩展

基于全局的查询扩展方法是一种早期较常采用的技术。该技术需要对整个文档集的语词进行相关分析（如语词共现分析），得到每对语词的关联程度（如共现率），构造词表，再从词表中选取与原查询关联程度较高的词作为扩展词进行查询扩展。这里词表是指一种数据结构，类似于同义词词典，用来表示词与词之间的关系。具体如下所示。

（1）基于语词全局聚类的查询扩展。在较早的信息检索系统中采用的基本算法就是克伦·施拜克·琼斯（Karen Sparck Jones）提出的对词进行聚类的算法，它根据查询词的共现性来实施词的聚类，从而进行扩展。之所以能够这样判断的依据是假设以下论断成立，即如果来源与检索文档源中的两个语词相关，则它们在文档源集合中共同出现的概率肯定就大。随着 Voorhees、Hunag 等数十年的深入研究，研究者在获得研究成果的同时也发现：聚类虽然能提高检索性能，但是它对词的歧义性不能正确地判断和分析处理，当遇到检索中的检索词包含多重含义时，采用词的聚类算法极有可能将它们分配到各不相同的聚类中，造成查询结果偏离题意，降低了查询性能。

（2）基于相似性词典的查询扩展。要求所选的扩展词要与全部原查询检索词同现，而不再是只比较单个的检索词。记录全部文档中每一对词的共现概率，进行扩展词选择时，先计算比对文档集中的关键词与所有的查询词的共现度，通过加权合计计算出每个关键词和整个查询的相似性，然后建立相似性词表，选择相关度最高的概念中的关键词作为查询扩展词。这种方法需要计算每一对词的共现概率，计算要求较高，但查询效率有所下降。

（3）基于潜在语义索引的查询扩展。潜在语义索引技术基于简单高效的向量空间模型。在向量空间模型中，文档和查询都被映射为向量空间中的一个点，并用 n 维向量表示出来。而文档与查询间的相似度就可以定义为查询向量和文档向量之间的夹角的余弦值。潜在语义索引使用 SVD 技术来发现检索词之间的关联关系，减少向量空间的维数。变换后的文档可用于比较两个文档的相似度并找出与查询最匹配的前面 N 个词，即查询扩展词。该方法最大的缺点是 n 维空间带来了巨大的计算开销，提高检索效率的效果不明显，对歧义词的问题仍然不能很好地解决，降维后的空间选择也缺乏行之有效的方法。

2. 基于局部的查询扩展

局部分析的扩展技术较好地解决全局分析的缺陷。它主要是利用初检出的与原查询最相关的 n 篇文档作为扩展词的来源。局部分析扩展技术主要有局部聚类技术、用户相关反馈技术和局部上下文分析技术等。

（1）基于局部聚类的查询扩展。依据全局聚类算法，首先对初检出的文档聚类，得到局部簇，其次从簇中选取与原查询相关的语词进行查询扩展。其分析的文档较少，因此提高了检索速度。主要缺点是若初检出的文档与原查询相关程度低下，则扩展后检索性能反而下降。另外，其扩展效果对前 n 篇初检出的文档篇数 n 较敏感，检索性能不稳定。

（2）基于用户相关反馈的查询扩展。首先使用初始查询对文档进行检索，然后根据检索的结果，通过用户的判断得到关于哪些文档是相关的、哪些文档是无关的反馈信息；其次从那些用户认为与查询相关的文档中选择重要的词，在新的查询中增强这些词的权重；对同时出现在与查询不相关文档中的词，降低其权值；对起负面影响的词，还可以从查询中删除。

（3）基于局部上下文分析的查询扩展。这种方法将全局分析的技术应用于局部反馈，将"概念"作为这个新的查询构造单位。"概念"并不仅是单一的索引词，而是一个名词词组，既可能由一个索引词构成，也可能由两个或更多个相邻的名词组合构成。从初检出的文档中选出与原查询词共现的概念，计算每一个概念与整个查询的相似度并排序，排在前面的概念作为扩展词。

7.5 本章实验

实验名称：文本信息预处理。

实验目的：通过 Python 编程实现文本信息的分词和停用词过滤等预处理操作，结合实验操作进一步理解本章所学理论知识。

实验内容：

利用 jieba 分词工具包和哈尔滨工业大学的停用词表，编写计算机程序，实现文本的自动分词与停用词过滤。

实验步骤：

（1）安装 jieba 分词工具包，下载哈尔滨工业大学停用词表。

（2）编写计算机程序进行分词处理和停用词过滤。

示例程序：

```
# -*- coding: utf8 -*-
import os
import jieba
import jieba.posseg as pseg
import sys
import string
#获取文件列表
def getFilelist(path) :
    filelist = []
    files = os.listdir(path)
    for f in files :
```

```python
        if(f[0] == '.') :
            pass
        else :
            filelist.append(f)
    return filelist,path
#对文档进行分词处理
def fenci(filelist) :
    stopwords = {}.fromkeys([ line.rstrip() for line in open('停用词表文件所在位置',
"r",encoding="utf-8") ])
    for ff in filelist:
        filename = path + ff
        f = open(filename,'r',encoding="utf-8")
        txtlist=f.read()
        f.close()
        words=pseg.cut(txtlist)
        final=' '
        for w,flag in words:
            #w=w.encode('utf-8')
            if w not in stopwords:
                final+='['+w+'/' +flag+']' +' '
        f=open("d:/fenci/"+ff,"w+",encoding='utf-8')
        f.write(final)
        f.close()
if __name__ == "__main__" :
    (list,path)=getFilelist("待分词文件目录")
    fenci(list)
```

第 8 章　Web 信息检索

8.1　Web 信息检索概述

WWW（world wide web，万维网）简称 Web，它是 Internet 最基本、应用最广泛的服务，也是最主要的信息资源类型。网页和网站是 Web 的基本组成单位。网页（Web page）是网站的基本要素，本质是一个超文本文件，通常由 HTML 代码构成，通过浏览器显示和浏览。网站（Web site）是根据一定的规则，使用 HTML 的工具制作的用于展示特定内容的相关网页的集合。Web 通过超链接的方式使用户能非线性地访问资源，从 Internet 的一个站点访问另一个站点或 Internet 上支持的任一文件，从而获取用户所需的信息和 Web 资源。

Web 也是一个分布式的超媒体信息系统，它将大量的信息分布于整个 Internet 上。Web 的任务就是向人们提供多媒体网络信息服务。从技术层面看，Web 技术核心有三点（林勇和江明华，2010）。

（1）超文本传输协议（hyper text transfer protocol，HTTP）：其是 Internet 上应用最为广泛的一种网络协议，可以实现 Web 的信息传输。

（2）URL：实现互联网信息定位的统一标识。

（3）HTML：描述网页文档的一种语言，实现信息的表示和存储。

Web 信息检索，就是指将信息按照 WWW 模式组织和存储起来，并根据信息用户的需要从文档集合中找到与信息需求相匹配的文档子集的过程。

Web 信息检索工具是以 Web 信息为主要检索对象，又以 Web 形式提供的检索工具，它代表了网络信息检索的较高水平，且应用最为普遍，几乎成了网络信息检索工具的代称。Web 信息资源是建立在超文本、超媒体技术基础上，集文本、图形、图像、声音于一体，并以直观的图形界面展现和提供信息的网络资源形式。因此，与之相对应的 Web 信息检索工具大体分为目录型检索工具和关键词搜索引擎。

目录型检索工具又称主题指南、专题指南或列表查询引擎，它是人工建立的、结构化的互联网网址主题类目和子类目，按照字母、时间、地点、学科或主题等顺序进行排列，用户通过网络站点列表检索有关信息。它适用于主题类目浏览和检索，但很难检索到较深的信息，难以控制主题等级类目的质量，信息更新速度较慢，收录信息数量相对不足。关键词搜索引擎是目前收录与查找网络信息资源的主要工具。它提供对关键词、主题词或自然语言的查询，具有检索范围广、信息量大、更新速度快等优点。

搜索引擎是主要的 Web 信息检索工具，根据信息覆盖范围及适用用户群可以分为综合性搜索引擎和垂直搜索引擎。综合性搜索引擎面向整个 Web 和各类用户，信息覆盖范围广，适用用户广泛。垂直搜索引擎面向某一特定领域或者某一特定类型的信息资源，如学术搜索引擎、比较购物搜索引擎、图片搜索引擎等。根据搜索范围可以分为独立搜索引擎和元搜索引擎。独立搜索引擎有自身的数据采集和标引检索机制。目前常见的搜索引擎如 Google、Bing、百度等。元搜索引擎一般没有自己的数据库，通过调用多个搜索引擎的结果为用户提供"一站式"的检索。本章主要介绍独立关键词搜索引擎，如无特别说明，下文所说的搜索引擎均指独立关键词搜索引擎。

8.2　搜索引擎的结构

搜索引擎是一种网络信息检索系统，是指根据一定的策略，运用特定的计算机程序从互联网上搜集信息，在对信息进行组织和处理后，为用户提供信息检索服务，将用户检索相关的信息展示给用户的系统。

一个搜索引擎通常由搜索器、分析器、索引器、检索器和用户接口等五个部分组成（王知津，2015）。

8.2.1　搜索器

搜索器通常也可称为蜘蛛（spider）、机器人（robot）、爬行者（crawler）或蠕虫（worm）等，其实质是一种计算机程序，按照某种策略自动地在互联网中搜集和发现 Web 信息。搜索器要尽可能多、尽可能快地搜集各种类型的新信息，同时由于网上的信息更新很快，需要定期更新已经搜集过的旧信息，以避免死链接和无效链接。搜索器通常从一批 URL 集合开始，顺着这些 URL 中的链接，以广度优先、深度优先或启发式等方式循环地在互联网中发现新的信息。这些起始 URL 可以是任意的 URL，也可以是一些非常流行、包含很多链接的站点或经过人工选择的 URL。

搜索器在采集 Web 信息时，采用不同的采集策略，具体可以分为以下几种。

（1）基于整个网络的数据采集。这是一种传统的信息采集方式，采集系统的目标是从种子 URL 集合扩展到整个网络，主要用于大型搜索引擎系统的数据采集系统。

（2）增量式数据采集。基于整个网络的数据采集系统，如果采集数据的周期较长，可能无法反映网页发生的变化，于是产生了增量式的数据采集系统。在搜索引擎的增量式的数据采集系统中，通过一个采集策略模块估计出哪个 URL 对应的网页最近已经变化，并下载这些网页。

（3）基于主题的数据采集。其只采集互联网与某一固定主题相关的数据，往往应用于主题检索中。

（4）迁移的数据采集。大多数数据采集系统都是在远程向 Web 服务器发送请求命令，得到网页信息。迁移的数据采集是把采集系统放在网站的服务器上去执行，只打包采集系统需要的网页并进行压缩，减少数据传输量，再发回搜索引擎的服务器，需要网站服务器赋予采集器很大的权限，采集器必须受到网站服务器的信任才可以实现。

（5）基于元搜索的数据采集。元搜索的工作方式是将用户的检索请求分别送至多个搜索引擎，然后收集多个搜索引擎返回的检索结果。

搜索器收集的信息类型复杂多样，包括 HTML 文件、XML（extensible markup language，可扩展标记语言）文件、Newsgroup（新闻组）文章、FTP（file transfer protocol，文件传输协议）文件、多媒体数据等。

8.2.2　分析器

分析器即分析程序，功能是理解搜索器所采集的信息。它通过一些特殊算法，从搜索器采集回来的网页源文件中抽取出索引项。同时，分析程序还将此网页中的超链接提取出来，返回给搜索程序，以便搜索程序进一步深入采集信息。

网页信息的抽取可以有多种方法，包括基于归纳学习的信息抽取、基于 HTML 结构解析的信息抽取、基于 Web 查询的信息抽取、基于自然语言处理的信息抽取、基于模型的信息抽取和基于本体的信息抽取等，也有人提出一种根据网页的视觉化特征来提取网页正文的方法，主要利用字体的大小、布局信息、背景颜色等一些视觉信息，根据一定的规则将页面划分成投资块。

其中，基于 HTML 结构解析的信息抽取的特点是，将 Web 文档转换成反映 HTML 文件层次结构的解析树，通过自动或半自动的方式产生抽取规则，其代表方法是基于 DOM（document object model，文档对象模型）树的网页内容抽取。DOM 是由 W3C 发布的一种访问和操作 HTML 文档的规范。DOM 将 HTML 文档表示为树形对象集合的形式，每一个 HTML 的元素被表示为树的一个节点。嵌套结构可以用 DOM 树中节点的父子关系表示，并列结构表示为节点的兄弟关系。在建立完 HTML 文件的 DOM 树后，递归遍历 DOM 树，从树节点抽取所需的信息。

8.2.3　索引器

索引器主要用于对已分析好的网页数据建立索引。把分析器抽取出来的索引项转换为一个能快速进行查询的格式，并储存在索引库中。这个转换过程就是建立索引（indexing），而这一过程的输出结果称为索引（index）。

索引项有客观索引项和内容索引项两种（王妍，2017）：客观索引项与文档的语义内容无关，如作者名、URL、更新时间、编码、长度、链接流行度等；内容索引项是用来反映文档内容的，如关键词及其权重、短语、单字等。内容索引项又可以分为单索引项和多索引项（短语索引项）两种。单索引项对于英文来讲是英语单词，比较容易提取，因为单词之间有天然的分隔符；对于中文等连续书写的语言，必须进行词语的切分。

索引器可以使用集中式索引算法或分布式索引算法。当数据量很大时，必须实现即时的索引，否则不能够跟上信息量急剧增加的速度。索引算法对索引器的性能有很大的影响。一个搜索引擎的有效性在很大程度上取决于索引的质量。一个好的索引模型应该易于实现和维护，检索速度快，空间需求低。

由于用户初始只能接受查询结果的一个子集，通常搜索引擎需要在存储器中保留整个的查询应答集，以避免当用户需要更多的查询结果时，再次计算查询结果。

8.2.4 检索器

检索器的主要功能是根据用户输入的关键词，在索引器形成的索引中进行查询，同时完成页面与查询之间的相关度评价，对将要输出的结果进行排序，并提供某种用户相关性的反馈机制。

搜索引擎找到的检索结果往往数以万计甚至更多，而用户通常只会浏览结果页面的前几页，将最相关的结果排在前面展示给用户就显得非常重要。搜索引擎的相关性排序模型包含布尔模型、向量空间模型、概率模型、超链接模型、自学习排序模型等。布尔模型建立在经典集合论和布尔代数的基础上，根据文档中是否出现关键词来判断文档是否相关，所有相关文档与查询的相关程度都是一样的，所以不支持相关性排序。向量空间模型将文档和用户查询分别转化为向量形式，计算两个向量的夹角余弦，并按照递减的顺序排列文档。概率模型通过估计文档与查询相关联的概率，根据关联概率对所有文档进行排序。超链接模型根据网页之间相互的超链接计算网页排名，从链接数目和链接页面的质量判断网页的级别，最著名的算法是 PageRank 算法（页面排序算法）和 HITS（hyperlink-induced topic search，基于超链接的主题搜索）算法。自学习排序模型将机器学习的方法运用到搜索引擎相关性排序问题，改进了以往模型中的许多不足之处。它根据训练样本学习排序模型，再将排序模型预测与查询相关的文档排序。

搜索引擎的爬虫一般要定期重新访问所有网页，更新网页索引数据库，以反映出网页内容的更新情况，增加新的网页信息，去除死链接，并根据网页内容和链接关系的变化重新排序。这样，网页的具体内容和变化情况就会反映到用户查询的结果中。对于互联网来说，各搜索引擎的能力和偏好不同，所以抓取的网页各不相同，排序算法也各不相同。大型搜索引擎的数据库存储了互联网上几亿至几十亿的网页索引，数据量达到几千 GB 甚至几万 GB。但即使如此，不同的搜索引擎也很难覆盖全部网页，这也是使用不同搜索引擎能够搜索到不同内容的原因。

8.2.5 用户接口

用户接口的作用是输入用户查询、显示查询结果、提供用户相关性反馈机制。用户接口的主要目的是方便用户使用搜索引擎，高效率、多方式地从搜索引擎中得到有效、及时的信息。用户接口的设计和实现需要使用人机交互的理论与方法，以充分适应人类的思维习惯。

用户输入接口可以分为简单接口和复杂接口两种。简单接口只提供用户输入查询串的文本框；复杂接口可以让用户对查询进行限制，如逻辑运算（与、或、非等）、相近关系（with、near 等）、域名范围（如 edu、com）、出现位置（如标题、内容）、信息时间、长度等。

当互联网用户通过用户界面提交查询时，检索器程序根据用户输入的查询关键词，在已由索引器完成索引和初步排序的存储桶（barrel）中进行查找，并采用特定的页面优先度算法对其结果进行最终排序，使之尽可能地符合用户查询需求。最后，用户界面将最终查询结果呈现在互联网用户面前。

8.3 网络爬虫的工作原理

8.3.1 网络爬虫的结构

网络爬虫又称网络蜘蛛、网络机器人等，其定义有狭义和广义之分。狭义上的网络爬虫是指遵循标准的 HTTP 协议，利用超链接和 Web 文档检索方法遍历互联网信息空间的程序；在广义上，凡是能遵循 HTTP 协议，检索 Web 文档的程序都被称为网络爬虫。

通俗地讲，网络爬虫是一种不需要人工干预，根据一定策略自动遍历互联网、抓取网页的程序。它为搜索引擎提供网页数据源，建立原始网页库，是搜索引擎不可或缺的组成部分。互联网可以看作一张超大有向图，其中每个网页可以看作图中的一个节点，而网页 HTML 中嵌套的指向其他网页的超链接可以看作图的边。这样，网络爬虫遍历互联网抓取网页的过程其实是一个图遍历过程。

Web 爬虫通常包括控制模块、文档访问模块、数据存储模块等。控制模块负责采集的控制，按一定方式保持提供搜索的网址、规定巡视软件的访问次序，控制并行访问代理的数量和对服务器的访问频率等；文档访问模块依据控制模块提供的 URL，遵循 HTTP 协议访问相应的 Web 页面、采集网页数据；数据存储模块负责接收采集数据，对其进行简要的分析处理，抽取新的 URL，将其输入访问控制模块、然后将网页输入网页数据库。

Web 爬虫在运行过程中，通常从一个或若干初始网页的 URL 开始，获得初始网页上的 URL。在抓取网页的过程中，不断从当前页面上抽取新的 URL 放入队列，直到满足系统一定的停止条件。具体流程如图 8-1 所示。

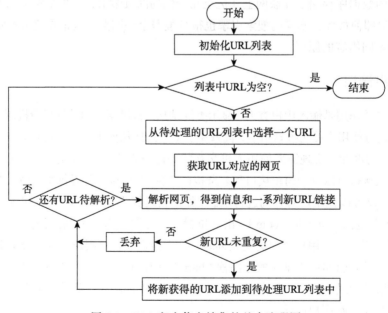

图 8-1 Web 爬虫信息搜集的基本流程图

资料来源：董守斌和袁华（2010）

　　爬虫开始采集信息时，首先判断循环是否应该结束。对于不同目的的网络爬虫，可能有不同的停止条件。例如，待处理 URL 列表为空且无正在工作的网页信息采集分析的线程，就可以作为网络爬虫停止的条件；又如，某网络爬虫仅仅是搜集某一方面的信息，当发现已经搜集足够满足需求的资料时，就停止搜集。

　　从待处理的 URL 列表中选择一个 URL，而后获取 URL 对应的网页。网络爬虫一般使用 HTTP 协议来获取指定 URL 对应的网页内容。随后对采集的网页进行解析。对网页的基本内容进行处理、存储和索引，分析网页中是否含有新的 URL，对 URL 进行处理和去重，将无重复的新的 URL 加入到待处理 URL 列表中，还可以进行一些网页的统计信息处理等。

　　网络爬虫的以上流程可以用算法表示如下。

Initialize queue (Q) with initial set of known URLs.
Until Q empty or page or time limit exhausted:
　　　　Pop URL, L, from front of Q.
　　　　If L is not to an HTML page (.gif, .jpeg, .ps, .pdf, .ppt…)
　　　　　　　　continue loop.
　　　　If already visited L, continue loop.
　　　　Download page, P, for L.
　　　　If cannot download P (e.g. 404 error, robot excluded)
　　　　　　　　continue loop.
　　　　Index P (e.g. add to inverted index or store cached copy).
　　　　Parse P to obtain list of new links N.
　　　　Append N to the end of Q

　　爬虫在 Web 空间采集信息时，还要注意爬虫的网上行为规范。一些网站会用 robots.txt 文件定义哪些目录网络爬虫不能访问，或者哪些目录对于某些特定的网络爬虫不能访问。网络爬虫应遵守这一协议，对相应的信息不予采集。robots.txt 文件中的命令形式如下所示。

　　允许所有的 robot 访问所有的文件：
　　　　User-agent: *
　　　　Disallow:
　　禁止访问某一个特定目录：
　　　　User-agent: *
　　　　Disallow: /tmp/
　　　　Disallow: /cgi-bin/
　　　　Disallow: /users/paranoid/
　　禁止某一特定收集程序：
　　　　User-agent: GoogleBot
　　　　Disallow: /

　　其中，"User-agent" 为网络爬虫的名字，"*" 为所有爬虫；"Disallow" 为禁止访问的目录名称。

8.3.2　网络爬虫遍历策略

　　在网络爬虫的整个工作流程过程中，从待处理的 URL 列表中选取一个 URL 是很重要的环节，待抓取队列决定了下一步要抓取的 URL 及被抓取的顺序。而决定这些 URL 顺序的方法，叫作遍历策略。网页的遍历策略主要包括：深度优先策略、广度优先策略、最佳优先策略（陈明，2019）。其他遍历策略都是在这三种策略的基础上进行改进得到的。

1. 深度优先策略

深度优先搜索（depth first search）追求访问的层数深度，按照顺序每次只访问下一层的网页节点，直到最底层结束。如果把互联网中网页链接关系比作树，该算法先对链接树中的一个分支进行遍历访问，直到最底层，然后再返回对另一个分支进行遍历访问，直到对所有网页节点完成访问。

为了方便描述深度优先策略。下面给出如图 8-2 所示的网页链接模型，在这里，假设没有一对网页是互相指向对方的。

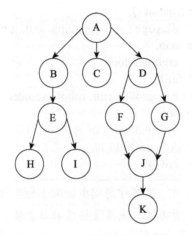

图 8-2　网页链接模型示例

假设搜索引擎爬虫从 A 出发，按照深度优先的策略，所走的路径如下所示。

（1）A→B→E→H。

（2）A→B→E→I。

（3）A→C。

（4）A→D→F→J→K。

（5）A→D→G→J→K。

该算法的优点是对于较低层的网页节点可快速及时访问到，适合本站搜索或者数据量较小的搜索。但是，深度优先搜索存在一个很大的不足之处，当链接层数太多时，深度优先搜索很容易陷入持续的"深"抓取，较高层次的网页节点不容易被访问到，甚至根本无法被访问到，这会造成极大的资源浪费。

大量研究表明，深度优先搜索算法的实际搜索效果明显不如广度优先搜索算法。在很多情况下，深度优先搜索会导致网络爬虫遇到陷入问题，广度优先搜索算法被应用在绝大多数网络爬虫中。

2. 广度优先策略

广度优先搜索（breadth first search）也称为"层次优先"，它是一种层次型距离不断增大的遍历方法。如图 8-3 所示，将这个链接模型划分为五层，具体层次如下所述。

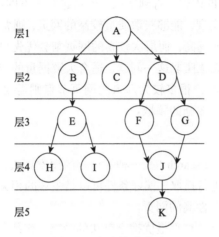

图 8-3　广度优先策略

第 1 层：A

第 2 层：B、C、D

第 3 层：E、F、G

第 4 层：H、I、J

第 5 层：K

第 1 层优先级最高，第 2 层优先级大于第 3 层，每层的内部优先级从左到右排列。广度优先策略不需要记录上次爬行的分支节点，这一点大大降低了控制的难度。

在抓取策略上，选择广度优先有三个优越性。首先，重要的网页往往离种子网站距离较近。通常打开某主要网站的时候，主要内容在主页上，随着不断地浏览，如此由浅入深，逐级进行，所看到的重要性越来越低。其次，互联网的深度没有想象的深，到达某一网页的路径通常很多，总会存在一条很短的路径。最后，广度优先也更适合爬虫的分布式处理，启动多个爬虫，每个爬虫负责一层。

进行广度优先遍历时，必须有一个队列数据结构支持。这个队列可以理解为工作负载队列，只要没有完成抓取任务，就需要提取头部位置的网页继续抓取。直到完成全部抓取任务、工作负载队列为空为止，具体构成如下。

（1）爬虫提取工作负载队列中的网页 A，抓取后，通过对网页 A 的链接分析提取指向网页 B、网页 C、网页 D 的链接放到工作队列中去。此时工作负载队列中增加了网页 B、网页 C 和网页 D。

（2）工作负载队列中的网页 A 抓取完毕，继续抓取工作队列中第 1 个任务，即网页 B。并提取指向网页 E 的链接放到工作队列中。此时工作队列中的排列顺序为网页 B、网页 C、网页 D、网页 E。

（3）根据广度优先策略，当网页 B 抓取完毕后，爬虫继续抓取网页 C 及网页 D。当抓取网页 D 时，提取指向网页 F 和网页 G 的链接并放入工作队列中。此时工作队列中的排列顺序为网页 D、网页 E、网页 F、网页 G。

（4）继续抓取网页 D 的内容，直到结束。然后进行余下的步骤，直到全部抓取完毕。

该算法的优点是容易实现，能够获取质量较高的网页，通常情况下越靠近根节点的网页主题相关性越高，质量就越高，而层次较高的网页则会优先得到访问，并且可以避免爬虫遇到无穷深层分支从而无法爬取这一问题，适合大数据量的搜索。缺点是只能按照网页节点间的层次关系进行访问，很多较为深入的网页节点则需要相当长的时间才能被访问到，很难应用在一些专业性较强的领域。

3. 最佳优先策略

最佳优先搜索（best first search）是一种带偏好的搜索算法，在访问过程中优先把符合偏好条件的网页过滤出来进行抓取。偏好条件可以是主题的相关性，或是与目标网页相似度较高的网页，或者是重要性高的网页。

最佳优先策略是一种基于局部最优搜索算法的策略，容易陷入局部最优点，即在爬虫抓取过程中，只注重那些满足偏好条件的，导致路径上的很多相关网页可能被忽略。该策略在具体应用时，需结合具体情况改进（如基于内容评价的搜索策略），以跳出局部最优点。采用最佳优先策略的爬虫称为聚焦爬虫或主题爬虫。

8.3.3 分布式爬虫结构

一般来说，Web 爬虫系统需要面对的是整个互联网上数以亿计的网页。单个爬虫程序不可能完成这样的任务，往往需要多个爬虫程序一起来处理。分布式网络爬虫包含多个爬虫，每个爬虫需要完成的任务和单个的爬行器类似，它们从互联网上下载网页，并把网页保存在本地的磁盘，从中抽取 URL 并沿着这些 URL 的指向继续爬行。由于并行爬行器需要分割下载任务，可能爬虫会将自己抽取的 URL 发送给其他爬虫。这些爬虫可能分布在同一个局域网之中，或者分散在不同的地理位置。

根据爬虫的分散程度，可以把分布式爬行器分成两类。

（1）基于局域网的分布式网络爬虫。这种分布式爬行器的所有爬虫在同一个局域网里运行，通过高速的网络链接相互通信。这些爬虫通过同一个网络访问外部互联网，下载网页，所有的网络负载都集中在它们所在的那个局域网的出口上。由于局域网的带宽较高，爬虫之间的通信效率能够得到保证；但是网络出口的总带宽上限是固定的，爬虫的数量会受到局域网出口带宽的限制。

（2）基于广域网的分布式网络爬虫。基于广域网的分布式网络爬虫分别运行在不同地理位置（或网络位置)。例如，分布式爬行器的爬虫可能位于中国、日本和美国，分别负责下载这三地的网页；或者，位于 ChinaNet、CERNET、CEINET[①]，分别负责下载这三个网

---

① ChinaNet 为中国公用计算机互联网；CERNET 为 China Education and Research Network，中国教育和科研计算机网；CEINET 为 China Economy Information Network，中国经济信息网。

络中的网页。这种分布式爬行器的优势在于可以在一定程度上分散网络流量，减小网络出口的负载。如果爬虫分布在不同的地理位置（或网络位置），需要间隔多长时间进行一次相互通信就成为一个值得考虑的问题。

根据通信方式，可以把分布式网络爬虫分为三种。

（1）主从模式，即由一台主机作为控制节点负责对所有运行网络爬虫的主机进行管理，爬虫只需要从控制节点那里接收任务，并把新生成任务提交给控制节点就可以了，在这个过程中不必与其他爬虫通信，这种方式实现简单，利于管理。而控制节点则需要与所有爬虫进行通信，它需要一个地址列表来保存系统中所有爬虫的信息。当系统中的爬虫数量发生变化时，协调者需要更新地址列表里的数据，这一过程对于系统中的爬虫是透明的。但是随着爬虫网页数量的增加，控制节点会成为整个系统的瓶颈而导致整个分布式网络爬虫系统性能下降。

（2）自治模式，即系统中没有协调者，所有的爬虫都必须相互通信，比主从模式下的爬虫要复杂一些。自治模式的通信方式可以使用全连接通信或环形通信。全连接通信是指所有爬虫都可以相互发送信息，使用这种方式的每个网络爬虫会维护一个地址列表，表中存储着整个系统中所有爬虫的位置，每次通信时可以直接把数据发送给需要此数据的爬虫。当系统中的爬虫数量发生变化时，每个爬虫的地址列表都需要进行更新。环形通信是指爬虫在逻辑上构成一个环形网，数据在环上按顺时针或逆时针单向传输，每个爬虫的地址列表中只保存其前驱和后继的信息。爬虫接收到数据之后判断数据是否是发送给自己的，如果数据不是发送给自己的，就把数据转发给后继；如果数据是发送给自己的，就不再发送。假设整个系统中有 n 个爬虫，当系统中的爬虫数量发生变化时，系统中只有 $n-1$ 个爬虫的地址列表需要进行更新。

（3）混合模式，即结合上面两种模式的特点的一种折中模式。该模式中所有的爬虫都可以相互通信，同时都具有任务分配功能。不过在所有爬虫中有个特殊的爬虫，该爬虫主要功能是对已经经过爬虫任务分配后无法分配的任务进行集中分配。使用这个方式的每个网络爬虫只需维护自己采集范围的地址列表。而特殊爬虫除了保存自己采集范围的地址列表外还保存需要进行集中分配的地址列表。

8.4　文本处理与链接分析

8.4.1　文本处理

Web 上大部分信息都是以 HTML 格式存在，因此，搜索引擎在处理文本信息时，首先要对 HTML 文档进行过滤，然后提取出其中有用信息并进行标引，处理程序包括网页过滤、提取关键词、自动分类和聚类、自动文摘，其中，自动分类和聚类以及自动文摘技术是尤其关键的技术。

1. 网页过滤

统计分析表明，网页的重复率平均大约为 4，也就是说，当用户浏览一篇网页的时候，平均还有另外三个不同的 URL 也可以给出相同或者基本相似的内容，只需要一篇网页就可以满足用户的需求，不需要全部搜集出来，否则不仅消耗机器时间和网络宽带资源，还会消耗查询者计算机的资源，降低查询效率，因此，需要过滤这些内容或者主题重复的网页。

此外，搜索引擎建立网页索引，处理的对象是文本文件。而网络爬虫抓取的网页包括多种格式，如 HTML、各种图片、DOC、PDF 文档、视频等。抓取这些文件之后，需要提取其中的文本信息以便建立索引文件，所以需要进行信息和格式的过滤。

2. 提取关键词

提取关键词至关重要，它直接影响着检索效率的准确性。由于 HTML 文档产生来源的多样性，许多网页在内容上比较随意，文字不讲究规范完整，或者包含许多和主要内容无关的信息（如广告、导航条、版权说明等）。关键词提取是从网页源文件提取出能够代表其内容的一些特征。

在这个阶段需要进行文本的词法分析、分词、停用词过滤、词干提取、词干选择和构造词条的分类结构。文本的词法分析主要是对文本中的数字、连接符、标点符号和字符的大小写进行处理。分词指的是将一个完整的句子划分为一个个词的过程。停用词过滤主要是过滤掉那些对于信息获取过程来说区分能力低的词汇。词干提取主要是去除词缀（前缀和后缀），这样可以允许所获取的文档包含一些查询词的变换形式。词干选择通常按照单词的习惯用法，实际上名词往往要比形容词、副词和动词包含更多的语义。构造词条的分类结构，如词典或者结构抽取，可以进行查询的扩展。

3. 自动分类和聚类

文本分类是指在给定的分类体系下，根据文本的内容确定文本所属类别的过程，假如被判断的文档数量极其庞大，难以通过人工来完成，那就需要一套自动机制仿照人的做法实现对文档类别的判断，这套机制就是自动分类，自动分类问题可以用更形式化的方法进行描述。

假设一个文档集 D 中每篇文档 d_j 都可以用其特征向量 $(f_{1,j}, f_{2,j}, \cdots, f_{n,j})$ 表示，其中每一维对应文档的一个特征值。如果文档集 D 中的文档一共属于 m 个类，类别集合 $C = \{C_1, C_2, \cdots, C_m\}$，$C_j \in C$，称 C_j 为类标（class label）。文本自动分类就是在已经具有类标的训练文档集的帮助下，利用某种学习方法得到一个映射函数，并将一个原本不知道其类标的新文档 D 映射到某个类别 C，记为

$$\gamma : D \to C \tag{8-1}$$

训练文档集是一些事先标注了类别的样例文档，除此之外，为了评价自动分类的效果好坏，往往还会有测试文档集，如果测试文档集能够达到可接受的准确率，则说明学到的

分类函数是令人满意的，如果达不到，则需要调整训练函数参数或者更换其他学习方法，再次学习和测试，目前流行的学习方法有 Rocchio 算法、最近邻、贝叶斯预测模型、支持向量机等。

与自动分类相反，自动聚类是无监督学习（无指导学习），虽然两者的任务都是将文档分到不同的组中，但两者存在本质的差别，自动聚类没有人工标注好的训练数据，也无法从已知经验中学习。它的原理是把文档表示为向量空间中的点，计算点的距离，按照"簇内尽量紧凑、簇间尽量分离"的原则把这些点划分开。

假设一个文档集 D 中每篇文档 d_j 都可以用其特征向量表示 $(f_{1,j}, f_{2,j}, \cdots, f_{n,j})$。指定希望对其划分的簇的数目 K，设定用于评估聚类质量的目标函数，计算一种映射函数 γ 可将文档 d_j 映射到 K 个簇中的一个，记为

$$\gamma : D \to \{1, 2, \cdots, K\} \tag{8-2}$$

其中，γ 为聚类映射函数；K 为簇数目；D 为文档集。

当前最普遍的自动聚类技术包括 k 均值聚类、层次聚类、基于概率模型的聚类和基于密度的聚类。

4. 自动文摘

自动文摘是利用计算机等辅助工具，从文档或文档集合中提取能够全面、准确地表达文档主题的短文。根据原文与文摘的关系，自动文摘可以分为抽取式文摘和生成式文摘。抽取式文摘是通过一定的方法计算文本中句子的权值，并按权值由高到低抽取原文中一定数量的句子放入文摘句集合中，而后按照其在原文中的顺序依次输出这些句子，以得到连贯的文摘。生成式文摘实现起来较为困难，它是通过一系列语言的知识获取文档的语言结构，而后运用自然语言理解技术得到文摘的意义表示，最后根据意义生成文摘。

现有的自动文摘根据文本分析方式的不同，可以分为基于统计的自动文摘、基于理解的自动文摘、基于结构的自动文摘、基于模板的自动文摘等。自搜索引擎 Lycos 第一个在搜索结果中使用了网页自动摘要技术，之后几乎所有的搜索引擎在搜索结果都能够提供摘要。

8.4.2　链接分析

Web 搜索中的链接分析法是借鉴传统引文分析法，利用搜索引擎、网络爬虫、链接数据库和数学统计分析等工具与方法，对网站的链接特征、对象属性等进行分析，进而揭示其数量特征和内在规律的一种研究方法。传统的引文领域与文献计量学领域有交叉，这些学科试图分析文献之间的引用模式来量化学术论文的影响力。文献引用代表某篇学术论文对引用论文的权威度的认可。相似地，Web 上的超链接也可以看成一个网页对另一个网页的权威度的认可。当然，仅仅依靠链接数目来衡量是不够鲁棒的，实际中存在许多垃圾链接和链接作弊现象，因此需要链接分析算法来尽可能还原真实情况（曼宁等，2010）。

1. Web 图

我们可以将整个静态 Web 看成静态 HTML 网页通过超链接互相连接而成的有向图，其中，每个网页是图的顶点，而每个超链接则代表一个有向边，如图 8-4 和图 8-5 所示。

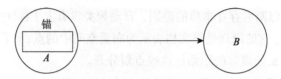

图 8-4　两个顶点通过链接构成一个 Web 图

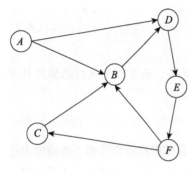

图 8-5　一个小型 Web 图的例子

Web 图由顶点和有向边集合组成，每个顶点代表一个网页，在图 8-4 中，*A*、*B* 是顶点，代表两个网页，*A* 网页上有一个超链接指向 *B*，在 *A* 网页上的超链接周围还有一些文本，实际上大部分网页链接都是如此。这些文本通常被嵌在 < a > 标签（称为锚）的 href 属性中。图 8-5 是一个小型 Web 图示例。从某个网页指出去的链接称为出链接（out-link），指向某个网页的链接称为入链接（in-link），一个网页的入链数目被称为这个网页的入度（in-degree），同理，某个网页的出链接数目为其出度（out-degree）。

大量研究表明，这些链接分布满足幂分布定律（power law）。另外还有研究表明，整个 Web 有向图结构是蝴蝶结（bowtie）形，其中主要包含三大类网页，分别是 IN、OUT 和 SCC（strongly connected component，强连通分量），如图 8-6 所示。Web 冲浪者能够从 IN 中的任意网页出发通过超链接到达 SCC 的任一网页，也可以从 SCC 的网页到达 OUT 的任一网页，或者从 SCC 的任一网页到达 SCC 中的其他网页，但是不能从 SCC 的网页到达 IN 的任一网页，也不能从 OUT 到达 SCC 的任一网页。除了这三类网页，还有一些管道（tube）、卷须（tendril）。

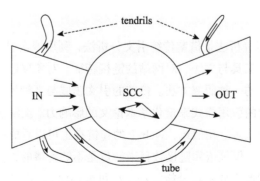

图 8-6　Web 图的蝴蝶结形

2. PageRank 算法

链接分析的第一种技术是对 Web 图中的每个节点赋一个 0 到 1 之间的分值，这个分值被称为 PageRank（网页级别）。节点的 PageRank 值依赖于 Web 图的链接结构。PageRank 是 1998 年美国谢尔盖·布林（Sergey Brin）和拉里·佩奇（Larry Page）创建 Google 搜索引擎所提出的一种网页排序算法。它有效地利用了 Web 所拥有的巨大的链接结构，把引文分析思想应用到网页链接结构分析中。PageRank 的基本思想是：一个页面被多次引用，则这个页面很可能是最重要的；一个页面尽管没有被多次引用，但被一个重要页面引用，则这个页面也可能是重要的；一个页面的重要性被均分并被传递到它所引用的页面。

假如有 A、B、C 三个网页，从 A 链接到 B 时，Google 就认为 "A 投了 B 一票"。Google 会根据网页的得票数评定其重要性。假设，所有的网页都有到 C 的链接，那 C 网页应该是世界上最重要的网页了。当然，考虑到垃圾链接或者作弊链接行为，不仅要考虑网页得票数（即入链接数），还要分析为其投票的网页。一般来说，重要网页的票权重较大，可以增强其他网页的 "重要性"，所以网页的重要性也需要依赖其他网页的重要性。如果 A 网页是某权威网页，它链接到 C 网页，那在一定程度上说明 C 网页也可能很重要。

大致计算公式如下：

$$PR(A) = (1-d) + d\sum_{i=1}^{n}\left(\frac{PR(A_i)}{C(A_i)}\right) \tag{8-3}$$

其中，$PR(A)$ 为页面 A 的网页级别（PageRank）值；$PR(A_i)$ 为页面 A_i 的网页级别，页面 A_i 为所有链向页面 A 的网页；$C(A_i)$ 为页面 A_i 链出的链接数量，也称为网页 A_i 的出度；d 为阻尼系数，指在任意时刻，用户到达某页面后并继续向后浏览的概率，取值在 0～1，一般为 0.85。

PageRank 算法具有直接高效、主题集中等优点，它直接对 Web 资料进行挖掘操作，而且思路是利用一个迭代公式进行计算，算法简单，效率较高。操作完全针对某一主题，可以较精确地返回与之相关的重要页面。但是 PageRank 算法的缺陷也十分明显，它完全忽略了网页内容，干扰了挖掘结果；主题集中也导致结果范围窄，无联想；阻尼系数 d 与网页获取数量缺乏科学性，d 的取值基于经验而来，无确实的科学依据，在挖掘过程中缺乏反馈与记忆机制，使机器在有限时间内很难获得更多好网页。

3. HITS 算法

1998 年，克莱因伯格（Kleinberg）提出了一种更为完善的衡量网页重要程度的度量——HITS 算法，这也是 Web 结构挖掘中最具有权威性和使用最广泛的算法。他认为，网页的重要程度与所查询的主题相关。从设计思想来看，HITS 和 PageRank 的一个基本区别是：HITS 针对具体查询，应用在查询时间，而 PageRank 是独立于查询的。HITS 算法引入两个评价权值——authority（权威）和 hub（枢纽）来对网页质量进行评估，且分别由网页的出链接与入链接来决定。

在泛主题搜索时，主要有两类网页结果十分有用。例如，"我想了解白血病相关的知识"，对于这个主题而言，存在一些权威性的网页，如美国国家癌症研究所有关白血病的网页就是其中之一，类似这种网页可以将之称为权威性网页（authority page），Web 中也存在许多不是某个主题的权威性网页，而是对某个主题感兴趣的人花时间编辑整理出的权威性网页列表，这些就是具有很高 hub 值的网页。一个好的 hub 网页会同时指向多个好的 authority 网页，而一个好的 authority 网页同时会被多个好的 hub 网页所指向。

HITS 算法实际上就是利用 hub/authority 方法的排序算法，出发点是为每个网页分配两个度量值：hub 度和 authority 度。计算公式如下：

$$A(p) = \sum H(q_i)，其中，q_i 为所有指向网页 p 的页面$$

$$H(p) = \sum A(q_i)，其中，q_i 为所有网页 p 指向的页面 \qquad (8\text{-}4)$$

HITS 算法的求解过程如下。

（1）将所有页面（根集页面）的 A 和 H 赋予初值。

（2）根据式（8-4）计算新一轮的 A 和 H 的值。

（3）规范化结果。

（4）重复步骤（2）、步骤（3），直到结果收敛。

同样地，HITS 算法也有一些缺陷，如计算量比较大等。HITS 算法遇到的问题，大多是因为 HITS 是纯粹的基于链接分析的算法，没有考虑文本内容。继 Kleinberg 提出 HITS 算法以后，很多研究者对 HITS 进行了改进，提出了许多 HITS 的变种算法，主要有 SALSA（stochastic approach for link-structure analysis，链接结构分析的随机方法）算法、ARC（adaptive replacement cache，自适应缓存替换）算法、PHITS（probabilistic analogue of the HITS，HITS 算法的概率模拟）算法等。

8.5　查询处理与用户界面

在搜索引擎中，Web 信息的检索过程与传统的文本信息检索在工作程式上并没有本质的区别。用户以信息需要为出发点进行查询，搜索引擎历经检索请求的输入、检索匹配、结果输出和显示三个重要阶段，最后人机交互完成检索过程。

8.5.1　查询处理

查询处理是指从数据库中提取数据所涉及的一系列过程和活动，这些活动都是由数据库自动完成的，不需要人的参与。它的作用是把用户提交的查询语句转化为系统可执行的查询执行计划。主要包括查询方式及查询匹配、检索结果的形成和排序等。

用户提交的查询请求不同，相对应的匹配方式也不同。目前 Web 信息检索通常可分为文本信息检索和图像信息检索，在文本信息检索中，处理的对象是语词，因此通常采用匹配方式，并以精确匹配为主。而在图像信息检索中，由于相同内容的图像有不同的表现形式，如同一场景的照片就有远景和近景之分，故通常采用相似匹配方式。

目前搜索引擎使用最频繁的还是文本信息检索，主要包括关键词查询和自然语言提问两种方式。关键词查询指的是直接输入词语或者短语进行查找，也是当前搜索最通用的查询模式。自然语言提问就是用户以自然语言语句提交查询，如用户想要查找信息检索过程分为几个阶段，那么可以直接在搜索引擎的文本输入框中输入该提问"信息检索过程分为几个阶段"即可。

从匹配方式而言，当用户输入"信息检索过程分为几个阶段"进行搜索时，系统会首先对该提问进行语句分析和分词处理，将其细分为"信息检索过程阶段"，并删除没有检索意义的词，如在提问中的"分为""几个"等，然后形成查询词表，将之与搜索引擎中的索引库和倒排文档逐个对比关键词，如果匹配就从倒排文档中读取关键词对应的记录，至此，查询和文档的匹配完成。

当然，关键词查询也需要进行语句分析。尤其是遇到西文的时候，还需要识别词根、单复数等，中文等语言则需要分词处理。因此，查询过程中又涉及了分词技术和智能检索技术。

8.5.2　检索结果的形成和排序

1. 结果集合的形成和显示

根据用户输入的关键词或自然语句，搜索引擎调用查询代理进行检索匹配并产生结果集合，处理检索的基本过程就是从倒排文档中读取关键词对应的记录的过程。

搜索引擎通常对检索得到的记录集合按照列表的方式显示出来，一般来说，列表是按照某种评价方式或排列顺序，以系统确定的风格样式模板输出到检索结果页面上，每个条目至少有三个基本元素：网页标题、网址和摘要。例如，使用百度查询"社交媒体平台"，得到前面的两条结果如图 8-7 所示。

十大社交软件排行榜-社交软件app排行榜-社交平台排行榜-买...

中文互联网高质量内容社区,国内知名网络问答社区,以高质量多样性著称,
高成长社交媒体平台,北京智者天下科技有限公司(由CN10/CNPP品牌研
究员专业测评) 微信扫码关注品牌公众号 发源地:北京市 创立...

MAIGOO　百度快照

社交媒体 - 百度百科

社交媒体 (Social Media) 指互联网上基于用户关系的内容生产与交换平
台。社交媒体是人们彼此之间用来分享意见、见解、经验和观点的工具和
平台,现阶段主要包括社交网站、微博、微信、博客、论坛、播客等等。
社交媒体在互联网的沃土上蓬勃发展,爆发出令人眩目...

特点 发展历程 好处 价值 策略 和传统媒体的差别 更多 >

 百度百科

扫一扫
看彩图

图 8-7　百度检索结果示例

由图 8-7 可见，百度搜索引擎也是以列表方式显示检索结果，每条结果按照系统设定好的风格样式即模板统一输出，包括标题、摘要和网站名称。

此外，结果中也会提供网页更新日期、广告标识、网页快照等信息，其中网页快照是

十分常见的项目，由于搜索引擎索引中的网页可能不是当前最新的网页，有些网页可能已经消失，为了满足用户继续访问浏览的需求，搜索引擎提供了网页快照的功能，目前市面上知名的搜索引擎大多都提供了网页快照服务。

2. 检索结果的排序

搜索引擎常用的排序算法主要包括以下几种方法。

1）基于链接分析的排序算法

8.4.2 节介绍了 PageRank 算法和 HITS 算法，PageRank 算法是由 Google 所创，通过分析与某一 Web 页相关的超链接来计算该 Web 页的重要性，并由此给网页分级。而算法存在一些问题，如它无法准确地判断检索词与网页的相关度。针对当前存在的问题，也出现了诸多改进的算法，其中较为著名的算法有 Hilltop 算法（关注专家页面）和 TSPR（topic-sensitive PageRank，主题性页面级别）算法（关注 Web 页的主题）等，改进的算法并没有实质性地解决问题，若加入语义分析的理念可能是一个好方法。

2）基于统计和加权的排序算法

该法借鉴了传统信息检索领域的统计和加权思想，即认为检索词在 Web 页中出现次数越多，出现位置的重要程度越高，那么该 Web 页与检索词的相关度越高，同时赋予它一个更优先的排序。最常见的是检索词的词频统计和加权及对关键词的位置处理与加权。检索词的词频统计和加权也分两种情况，一种是单个检索词，系统只需要统计出该关键词在所有的 Web 页中的词频而后加权处理即可；另一种是多个关键词，这种情况会复杂一些，一般情况需要先统计出关键词在不同 Web 页中的词频，然后可以使用一定的加权方法（如绝对词频加权、相对词频加权、反词频加权、基于词分辨值加权等）进行最后的权重赋值。词位置处理和加权认为词位置对结果排序也十分重要。对检索关键词在 Web 页面中不同位置和版式，给予不同的权值，然后根据权值确定所搜索结果与检索关键词相关程度。可以考虑的版式信息有：是否是标题，是否为关键词，是否是正文，字体大小，是否加粗等。同时，锚文本的信息也非常重要，它一般能精确地描述所指向的页面内容。

3）竞价排名

竞价排名是近年来搜索引擎采用的非自然排名方式，它是将企业的产品、服务等以关键词的形式出现在检索结果中，并按关键词的竞价高低进行排名。各大商家为了推广自己的产品和服务，大多会购买推广服务，竞价排名逐渐演变成搜索引擎广告。国内百度最先推出竞价排名，国外雅虎最先提供这一排名服务。

最后形成的检索结果可能满足用户需求，也可能无法满足。如果不满足需求就要区分出检索结果中哪些是相关的，哪些是不相关的，从相关信息中提取出可加入到检索式的检索项，从不相关信息中识别出抑制检索项，进而重构检索式重新检索，循环往复，逐步得到精确的查询结果，这就是用户的相关性反馈。目前最常用的相关性反馈技术包括基于向量空间模型、基于概率检索模型、基于布尔检索模型等。

8.5.3　用户界面

用户界面可以说是搜索引擎的"皮肤"，是用户直接能接触的部分，所以其作用也至关重要。良好的界面设计原则：①颜色、布局、大小写、字体等尽可能保持一致；②符合普遍可用性；③提供说明性的反馈和语境信息；④降低工作存储器负载；⑤最小努力和够用原则；⑥及时更新和持续发展原则；⑦允许轻松地反向操作。

随着交互技术的发展，交互性已经成为检索系统的一个重要组成部分，也是衡量检索系统功能强弱的一个重要指标。其中，检索系统用户界面的测评理论主要有信息构建（information architecture，IA）理论、可用性理论和感性工学理论。信息构建理论最早由美国学者沃尔曼（Wurman）提出，他把信息构建定义为如何组织信息，把复杂的信息变得清晰，帮助人们有效地实现信息需求，信息构建是组织管理网站信息资源的基础。可用性理论诞生于人机交互领域，强调通过友好的用户界面改善人机交互的效率，为用户带来更为安全的应用环境和良好的使用体验。感性工学理论以人性反应（感性）作为思考的出发点，认为在人机界面设计中应该越来越重视人机界面带来的感性问题，为用户提供感觉良好的检索系统界面。

8.6　本 章 实 验

实验名称：网络信息采集。

实验目的：通过网络爬虫工具采集 Web 信息，理解爬虫的工作原理。

实验内容：

选取网络爬虫工具（火车头采集器、八爪鱼采集器、后羿采集器等），结合该工具网站提供的用户手册或教学视频，完成一项 Web 信息采集任务。

实验步骤：

以火车头采集器为例，下载安装采集器，安装后打开采集器运行。

（1）新建采集任务，设置网址采集规则。

（2）设置内容采集规则。

（3）设置内容保存规则。

（4）运行任务完成采集。

具体操作参考火车头采集器的用户手册。

第 9 章　多媒体信息检索

9.1　多媒体信息检索概述

随着信息时代的到来，信息多元化程度加深，人们不再满足于单一的文本交流。多媒体技术的出现，使得信息的表达方式更生动、更容易被人们所理解。图像、音频、视频等多媒体信息在网络信息中所占的比例不断增长，成为人们重要的信息资源。如何从大量的信息中找到所需的多媒体信息成为信息检索领域重要的课题之一。

多媒体信息检索是根据用户的要求，对图像、文本、音频、视频等多媒体信息进行检索，得到用户所需的信息。本章主要介绍图像、音频和视频等三类多媒体信息的检索。目前，多媒体信息检索的方法主要分为两种：基于文本的多媒体信息检索和基于内容的多媒体信息检索（content-based multimedia information retrieval，简称 CBR）。

早期信息检索处理的对象只有文本，所以基于文本的多媒体信息检索技术便应运而生，并且仍然是当前最基本、最常用的一种多媒体信息检索方式。这种基于文本的信息检索技术首先对多媒体进行分析，抽取反映该多媒体物理特性（拍摄方式、载体规格和文件大小等）和内容特性（责任者、代表多媒体内容的关键词或主题词等）的文本信息，然后对这些文本信息按照学科领域进行分类，或提取关键字进行文本著录或标引，建立类似于文本文献的索引数据库，从而将对多媒体信息的检索转变成对文本信息的检索。

基于文本的多媒体信息检索方法的主要优点是技术简单，标引和检索方便。它的实质就是文本检索，只是检索结果和输出形式不同而已，因此它的应用与实施方式简单，实现成本也比较低。其局限性表现为：首先，它不能真正反映信息的内容。这种检索采用文本来表达多媒体的内容，检索对象的不一致决定了在这种信息传递过程中必定会有大量信息的丢失，这样就不可能完全反映信息的内容。其次，多媒体信息是一种抽象程度很大、随意性很强的信息，缺乏一般意义上的规范性，同样的信息不同的人会有不同的理解，这样便会使得在用文字描述多媒体信息时，不可能做出一个非常准确而完整的描述（王知津，2009）。

基于内容的多媒体信息检索，就是从多媒体数据中提取出特定的信息线索，然后根据这些线索从大量存储在数据库中的多媒体中进行查找，检索出具有相似特征的多媒体数据。基于内容的多媒体信息检索具有以下特征。

（1）直接从多媒体内容中提取信息线索。基于内容的多媒体信息检索不受传统的基于文本检索的限制，可直接对图像、视频、音频进行分析，从中提取内容特征，然后利用这些特征建立索引并进行检索，使得检索更加接近媒体对象。多媒体信息语义描述特征的提取是由计算机自动实现，融合了图像理解、模式识别、计算机视觉、认知科学、人工智能等技术，不需要过多的人工干预，节省了人力。而且利用多媒体自身的特征（如颜色、纹理、音色、音质等）进行检索，具有较强的客观性。

（2）基于内容的多媒体信息检索是一种近似匹配。与常规数据库检索中的精确匹配方法不同，基于内容的多媒体信息检索采用近似匹配或局部匹配的方法和技术，逐步求精以获得查询和检索结果。在检索过程中，每次得到的结果是一个集合区域，不断缩小这个区域的范围，直到确定目标。

（3）大型数据库（集）的快速检索。实际的多媒体数据库（集）不仅数据量巨大，而且种类和数量繁多，因此，要求基于内容的多媒体信息检索技术也与常规的信息检索技术一样，能快速实现对大型库的检索。

（4）可以采用示例查询的提问方式。在对一些很难描述其特征的多媒体信息进行查询时，用户可以通过浏览的方式，选择系统提供的示例作为查询条件，然后再通过不断修改示例最终找到匹配目标。

基于内容的查询和检索是一个逐步求精的过程，检索经历了一个特征调整、重新匹配的循环过程。

（1）初始查询说明。用户查找一个对象时，最初可以用示例或媒体特征描述来形成一个查询。

（2）相似性匹配。将查询特征与特征库中的特征按照一定的匹配算法进行相似匹配。

（3）满足一定相似性条件的一组候选结果，按相似度大小排列后返回给用户。

（4）特征调整。对系统返回的查询结果，用户可以通过遍历来挑选，直至得到满意的结果，或者从候选结果中选择一个示例，经过特征调整后，形成一个新的查询。

（5）如此逐步缩小查询的范围，直到用户对查询结果满意为止。

基于内容的多媒体信息检索方法与基于文本的多媒体信息检索方法有着本质的不同，也是目前研究关注的重点。本章主要介绍基于内容的图像检索、基于内容的音频检索和基于内容的视频检索。

9.2 基于内容的图像检索

随着各种图像获取设备（照相机、扫描仪等）的发展和普及，图像数据已经成为现代信息社会中的重要信息来源。快速准确的图像检索技术在医学、遥感、公共安全、地质、建筑、购物等领域都有实际的应用需求，对人们的工作和生活越来越重要。20 世纪 70 年代的图像数据库检索通过对图像进行人工标注来实现，这不但耗费人力而且检索的准确度受图像标注者的主观影响很大（刘颖和范九伦，2012）。20 世纪 90 年代以来，基于内容的图像检索技术得到了快速的发展。利用颜色、纹理、形状等进行图像检索成了图像检索技术的主要研究方向（孙君顶和原芳，2011）。

基于内容的图像检索就是通过图像本身的视觉特征从图像库中检索感兴趣的图像的

一种技术，总体上可以分为两部分：图像特征提取和图像特征的索引与匹配。图像特征提取是指对图像的视觉特征进行数学描述，通常所获取的视觉特征是一种低层特征，包括颜色特征、形状特征、纹理特征等，对这些低层特征的数学描述能够反映图像之间的视觉相似性；图像特征的索引与匹配是在对图像特征提取的基础上，通过对比图像的低层特征，检索到用户需求的相关图像，可以分为三类技术：相似度测量、聚类与分类、相关反馈技术（祝晓斌等，2015）。随着信息技术的发展，基于图像表层视觉特征进行检索已不能完全满足人们的需求，学者试图通过图像语义学习（semantic learning）来获取对图像的语义描述，以缩短数字图像特征（也称低层特征）和人类语言描述（也称高层特征）之间的"语义差距"。图像语义提取的过程是将低层数字图像特征通过机器学习等技术转化为接近人类语言的高层语义的过程。此外，也有研究人员进一步将基于语义和基于视觉特征的图像检索有机结合起来，以进一步提高图像的检索效果。本节主要介绍利用图像视觉特征进行检索的方法。

9.2.1 图像特征提取

在基于图像视频特征进行检索的研究中，比较常用的图像内容特征包括颜色特征、纹理特征和形状特征。

1. 颜色特征

颜色是描述图像内容的最基本且最有效的视觉特征，被广泛应用于图像检索，包括全局特征和局部特征。全局特征对应整幅图像，局部特征是在图像分割的基础上提取分割好的区域的特征。常用的特征提取方法有以下几种。

1）颜色直方图

颜色直方图（color histogram）是在许多图像检索系统中被广泛采用的颜色特征。它所描述的是不同色彩在整幅图像中所占的比例，而并不关心每种色彩所处的空间位置，即无法描述图像中的对象或物体。颜色直方图特别适合于描述那些难以进行自动分割的图像。

颜色直方图可以是基于不同的颜色空间和坐标系。最常用的颜色空间是 RGB（red，green，blue，三原色）颜色空间，大部分的数字图像都是用这种颜色空间表达的。然而，RGB 空间结构并不符合人们对颜色相似性的主观判断。因此，有人提出了基于 HSV（hue，saturation，value，色相，饱和度，明度）空间、HSL（hue，saturation，lightness，色相，饱和度，亮度）空间和 Lab 空间等的颜色直方图，因为它们更接近于人们对颜色的主观认识。其中，HSV 空间是直方图最常用的颜色空间。

计算颜色直方图需要将颜色空间划分成若干个小的颜色区间，每个小区间成为直方图的一个"bin"。这个过程称为颜色量化（color quantization）。然后，通过计算颜色落在每个小区间内的像素数量可以得到颜色直方图。颜色量化有许多方法，如向量量化、聚类方法或者神经网络方法。

2）颜色矩

颜色矩（color moment）也是一种简单有效的颜色特征。这种方法的数学基础在于图像中任何的颜色分布均可以用它的矩来表示。此外，由于颜色分布信息主要集中在低阶矩中，因此仅采用颜色的一阶矩（mean）、二阶矩（variance）和三阶矩（skewness）就足以表达图像的颜色分布，颜色矩已证明可有效地表示图像中的颜色分布。

3）颜色聚合向量

颜色聚合向量（color coherence vector）来源于颜色直方图，目的是解决颜色直方图没有位置信息的问题。颜色聚合向量是直方图改进算法中一个较为复杂的方法，它将直方图中每一个颜色簇划分成聚合的和非聚合的两部分。在图像相似性比较过程中，分别比较它们的相似性，然后综合权衡后得到一个相似值，从而得出结果。由于包含了颜色分布的空间信息，颜色聚合向量相比颜色直方图可以达到更好的检索效果。

4）颜色相关图

颜色相关图（color correlogram）是图像颜色分布的另一种表达方式。这种特征不但刻画了某一种颜色的像素数量占整个图像的比例，还反映了不同颜色对之间的空间相关性。实验表明，颜色相关图比颜色直方图和颜色聚合向量具有更高的检索效率，特别是查询空间关系一致的图像。

2. 纹理特征

图像纹理反映的是图像的一种局部结构化特征，具体表现为图像像素点某邻域内像素点灰度级或者颜色的某种变化，而且这种变化与空间统计相关。纹理特征描述方法大致可以分为四类：统计法、结构法、模型法、频谱法。

1）统计法

统计法分析纹理的主要思想是通过图像中灰度级分布的随机属性来描述纹理特征。最简单的统计法是借助于灰度直方图的矩来描述纹理，但这种方法没有利用像素相对位置的空间信息。共生矩阵是另一种基于统计的纹理分析方法，该方法研究了纹理的空间灰度级相关性，构造出一个基于图像像素间方向和距离的共生矩阵，并且从矩阵中提取出反差、能量、熵、相关性等统计量作为特征量表示纹理特征。此外，粗糙度、对比度、方向、线性度、规则度、粗略度等都是描述纹理特征的方法。

2）结构法

结构法分析纹理的基本思想是假定纹理模式由纹理基元以一定的、有规律的形式重复排列组合而成，特征提取就变为确定这些基元并定量分析它们的排列规则。

3）模型法

模型法利用一些成熟的图像模型来描述纹理，如基于随机场统计学的马尔可夫随机场、子回归模型，以及在此基础上产生的多尺度子回归模型。

4）频谱法

频谱法借助于频率特性来描述纹理特征，包括傅里叶功率谱法、Gabor 变换、塔式小波变换（pyramid wavelet transform，PWT）、树式小波变换（tree wavelet transform，TWT）等方法。

3. 形状特征

形状是刻画物体最本质的特征，也是最难描述的图像特征之一，主要难在对图像中感兴趣目标的分割。对形状特征的提取主要是寻找一些几何不变量。用于图像检索的形状描述方法主要有两类：基于边缘和基于区域的形状方法。前者利用图像的边缘信息，而后者则利用区域内的灰度分布信息。

1）基于边缘

基于边缘的形状特征提取是在边缘检测的基础上，用面积、周长、偏心率、角点、链码、兴趣点、傅里叶描述子、矩描述子等特征来描述物体的形状，适用于图像边缘较为清晰、容易获取的图像。

2）基于区域

基于区域的形状特征提取的主要思路是通过图像分割技术提取出图像中感兴趣的物体，依靠区域内像素的颜色分布信息提取图像特征，适合于区域能够较为准确地分割出来、区域内颜色分布较为均匀的图像。

9.2.2　图像特征的索引与匹配

1. 相似度度量

常用的相似度度量方法是距离法。闵可夫斯基距离是测度特征向量相似性的一组距离测度算法的定义，是距离的通用形式，由此衍生出了曼哈顿距离、欧氏距离和切比雪夫距离。此外，常见的距离测度算法还包括杰氏距离、马哈拉诺比斯距离、兰氏距离、编辑距离、用于测量两个点集匹配程度的豪斯多夫距离等。每一种相似度测量算法都有其优点，也有其应用的局限，不同的应用和不同的图像特征会有不同的选择。

2. 图像聚类与分类

图像聚类与分类主要作为在大规模图像库中提高检索效率和检索精度的预处理步骤，或用作图像的自动标注，属于图像的索引技术。当检索的图像缺乏标注信息时，此时一般采用聚类算法提高检索效率和精度；如果检索图像库存在被很好标注的训练样本库时，则可通过机器学习算法进行图像分类。

3. 相关反馈技术

仅基于图像低层特征很难给出令人满意的结果，主要原因是图像低层特征和高层语义间存在着很大的差距。为了解决这个问题，一方面需要研究出更好更有效的图像表示方法；另一方面可以通过人机交互的方式来捕捉和建立低层特征和高层语义之间的关联，这就是相关反馈技术。相关反馈技术最初用于传统的文本检索系统中，其基本思想是，在检索过程中，系统根据用户的查询要求返回检索结果，用户可以对检索结果进行评价和标记，并将这些信息反馈给系统，系统则根据这些反馈信息进行学习，并返回新的查询结果，从而使得检索结果更能满足用户的要求。基于内容检索中的相关反馈技术大致可分为四种类型：

参数调整方法、聚类分析方法、概率学习方法和神经网络方法。

9.3　基于内容的音频检索

音频是多媒体中的一种重要媒体。声音经过模拟设备记录或再生，成为模拟音频，再经数字化成为数字音频。音频是声音信号的表示形式，作为一种信息载体，音频可以分为三种类型：①波形声音，对模拟声音数字化而得到的数字音频信号。它可以代表语音、音乐、自然界和合成的声响。②语音，具有字词、语法等语素，是一种高度抽象的概念交流媒体。语音经过识别可以转换为文本。文本是语音的一种脚本形式。③音乐，具有节奏、旋律或和声等要素，是人声或（和）乐器音响等配合所构成的一种声音。音乐可以用乐谱来表示。

不同类型的声音具有不同的内在内容，但从整体来看，音频内容分为三个级别：最底层的物理样本级、中间层的声学特征级和最高层的语义级。物理样本级的特征如取样频率、量化精度、编码方法、声道数目、时间刻度信息等，少量特征可应用于信息检索。声学特征级的特征如音量、音高、音域、音色等，部分可应用于信息检索。语义级的特征如一段语音的中心思想、包含的关键词、类型等，一段音乐的旋律、情绪、主题等，全部可应用于信息检索。

在查询接口上，用户可以采用以下形式提交查询。

（1）示例，用户选择一个声音例子表达其查询要求，查找出与该声音在某些特征方面相似的所有声音，如查询与飞机的轰鸣声相似的所有声音。

（2）直喻，通过选择一些声学或感知物理特性来描述查询要求，如亮度、音调和音量等。这种方式与可视查询中的描绘查询相似。

（3）拟声，发出与要查找的声音性质相似的声音来表达查询要求，如用户可以发出嗡嗡声来查找蜜蜂或电气嘈杂声。

（4）主观特征，用个人的描述语言来描述声音。这需要训练系统理解这些描述术语的含义，如用户可能要寻找"欢快"的声音。

（5）浏览，这是信息发现的一种重要手段，尤其是对于音频这种时基媒体。除了在分类的基础上浏览目录外，重要的是基于音频的结构进行浏览。

根据音频的类型，基于内容的音频检索可以分为三类：语音检索、音乐检索和一般音频检索。

9.3.1　语音检索

语音检索是以语音为中心的检索，采用语音识别等处理技术，检索对象如电台节目、电话交谈、会议录音等。常用的方法包括以下三种。

1. 利用语音识别技术进行检索

这种方法是利用自动语音识别技术把语音转换为文本，从而可以采用文本检索方法进行检索。虽然好的连续语音识别系统最高可以达到90%以上的词语正确度，但在实际应用中，如电话和新闻广播等，识别率并不高。即使这样，自动语音识别技术识别出来的脚本仍然对信息检索有用，这是因为检索任务只是匹配包含在音频数据中的查询词句，而不是要求一篇可读性好的文章。例如，采用这种方法把视频的语音对话轨迹转换为文本脚本，然后组织成适合全文检索的形式支持检索。

2. 基于说话人辨认进行检索

这种技术是简单地辨别出说话人话音的差别，而不是识别出说的是什么。它在合适的环境中可以做到非常准确。利用这种技术，可以根据说话人的变化分割录音，并建立录音索引。例如，用这种技术检测视频或多媒体资源的声音轨迹中说话人的变化，建立索引和确定某种类型的结构（如对话）。例如，分割和分析会议录音，分割的区段对应于不同的说话人，可以方便地直接浏览长篇的会议资料。

3. 基于关键词发现技术进行检索

关键词发现（spotting）技术是在语音文档中，自动地检测出指定的词或短语的技术，如通过"进球"这个关键词可以找到体育比赛实况录音中进球前后的解说。其实现需要预先识别出指定集合中的关键词，建立索引。

9.3.2　音乐检索

音乐检索是以音乐为中心的检索，利用音乐的音符和旋律等音乐特性来检索，如检索乐器、声乐作品等。

基于内容的音乐检索无须用户提供关键词，而是通过原始的音频去检索。它具体又可以分为两种形式：哼唱检索和原曲检索①。

1. 哼唱检索

哼唱检索是目前音乐检索研究的热点，它是通过用户哼唱音乐片段的方式进行检索。具体工作原理是：用户哼唱期望检索音乐的一个片段，片段长度通常在10秒到15秒之间，然后上传片段到服务器，服务器通过相似度匹配返回和用户哼唱片段最相似的音乐。服务器不是通过将原始音乐直接进行匹配的方式检索，而是首先从音乐片段中提取特征，其次利用特征进行检索，最常用的特征是音乐的基频序列。哼唱检索的核心即基频序列之间的相似度匹配。用户哼唱的片段和库中实际音乐的片段不可能完全相似，所以哼唱检索是一种模糊匹配。针对模糊匹配方法很多，最常用的如字符串编辑距离，复杂的有DTW（dynamic time warping，动态时间规整）算法等。

2. 原曲检索

原曲检索一般是通过录制一段音乐上传服务器进行检索。它和哼唱检索的区别就是原

---

① 《音乐检索简介》，　网址为 https://blog.csdn.net/yutianzuijin/article/details/21446401[2014-03-18]。

曲检索不用用户哼唱，而是录制一段正在播放的音乐。在使用方式上，这种方式更为简单方便。由于录制的就是原始播放的音乐，因此录音检索不是模糊检索，而是一种精确匹配，采用的技术也和哼唱检索不同，可以从原始音频中提取指纹来进行匹配。目前提取音乐指纹的算法非常多，主要有 echoprint、chromaprint 和 landmark 等。一些音乐平台上的"听歌识曲"即属于此类检索。

9.3.3　一般音频检索

一般音频检索是以波形声音为对象的检索，这里的音频可以是汽车发动机声、雨声、鸟叫声，也可以是语音和音乐等，这些音频都统一用声学特征来检索[①]，一般音频检索的目的是使用户能从大型音频数据库中或一段长录音中找到感兴趣的音频内容。常用的方法包括以下几种。

1. 声音训练和分类

声音训练是通过训练来形成一个声音类。用户选择一些表达某类特性的声音例子（样本），对于每个进入数据库中的声音，先计算其 n 维声学特征矢量，然后计算这些训练样本的平均矢量和协方差矩阵，这个均值和协方差就是用户训练得出的表达某类声音的类模型。

声音分类是把声音按照预定的类组合。首先，计算被分类声音与类模型的距离，可以利用欧氏距离或曼哈顿距离度量；其次，对距离值与阈值进行比较，以确定该声音是否纳入比较的声音类。也有某个声音不属于任何比较的声音类的情况发生，这时可以建立新的类，或纳入一个"其他"类，或归并到距离最近的类中。

2. 听觉检索

听觉感知特性如基音和音高等，可以自动提取并用于听觉感知的检索，也可以提取其他能够区分不同声音的声学特征，形成特征矢量用于查询。例如，按时间片计算一组听觉感知特征：基音、响度、音调等。考虑到声音波形随时间的变化，最终的特征矢量是这些特征的统计值，如用平均值、方差和自相关值表示。这种方法可应用于检索和对声音效果数据进行分类。

3. 音频分割

以上方法适合单体声音的情况，如一小段电话铃声、汽车鸣笛声等。但是，一般的情况是一段录音包含许多类型的声音，由多个部分组成。更为复杂的情况是，以上各种声音可能会混在一起，如一个有背景音乐的朗诵、同声翻译等。这需要在处理单体声音之前先分割长段的音频录音。另外，还涉及区分语音、音乐或其他声音。例如，对电台新闻节目进行分割，分割出语音、静音、音乐、广告声和音乐背景上的语音等。

---

① 《基于内容的音频检索》，网址为 https://blog.csdn.net/Real_Myth/article/details/51163049[2016-04-18]。

通过信号的声学分析并查找声音的转变点就可以实现音频的分割。转变点是度量特征突然改变的地方。转变点定义信号的区段，然后这些区段就可以作为单个的声音处理。例如，对一段音乐会的录音，可通过自动扫描找到鼓掌声音，以确定音乐片段的边界。这些技术包括暂停段检测、说话人改变检测、男女声辨别，以及其他的声学特征。

9.4 基于内容的视频检索

视频就是一组连续的静态图像按照时间的顺序连续更换形成的动画、影像等。简单地说，视频数据是连续的图像序列。基于内容的视频检索即根据视频的内容和上下文关系，对大规模视频数据库中的视频数据进行检索。它在没有人工参与的情况下，自动提取并描述视频的特征和内容。基于内容的视频检索既能向用户提供基于颜色、纹理、形状及运动特征等视觉信息的检索又能提供基于高级语义信息的检索，具有在镜头、场景、情节等不同层次上进行检索的功能，能满足用户基于例子和特征描述的检索要求。

9.4.1 视频数据模型

视频数据由上到下可用视频序列（video）、场景（scene）、镜头（shot）、帧（frame）来描述。视频数据的分层结构模型如图 9-1 所示。

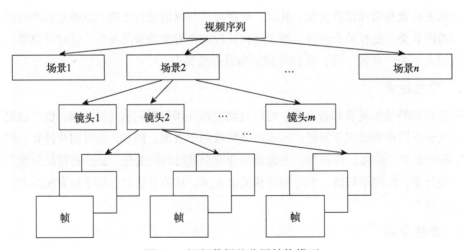

图 9-1 视频数据的分层结构模型

帧是组成视频的最小视觉单位，是一份静态的图像。在时间轴上帧表现为一格或一个标记。视频可以看作一个连续静态图像的序列，其中，每一幅静态图像称为一帧。镜头由一系列帧组成，描绘的是一个事件或一组摄像机的连续运动，是视频数据的基本组成单元。场景由一系列相似性质的镜头组成。场景描述了一个独立的故事单元，是一段视频的语义组成单元。视频序列由许多场景组成，叙述一个完整的故事结构。相同的场景经过聚类后形成视频序列。

层中每一个视频层次的数据都可以用一定的属性加以描述，如帧可以用直方图、轮廓图等描述；镜头的属性包括持续时间、开始帧号、结束帧号、代表帧集合、特征空间向量等；场景的属性包括标题、持续的时间、镜头数目、开始镜头、结束镜头等；视频序列的属性包括场景个数和持续时间等。

9.4.2　基于内容的视频检索的基本原理

基于内容的视频检索首先需要对视频数据进行分层处理，建立索引数据库，在此基础上进行特征匹配以实现检索。其基本流程如图 9-2 所示。

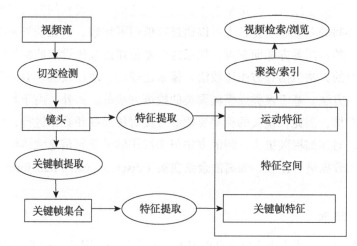

图 9-2　基于内容的视频检索基本流程图

视频首先被分割成镜头，从镜头中提取关键帧，提取镜头和关键帧的特征，得到一个反映视频内容的特征空间，这个特征空间将作为视频聚类和检索的依据。其中，特征包括关键帧的视觉特征和镜头的运动特征。关键帧即指从视频数据中抽取出来的、能概括镜头内容的一些静态图像，对这些静态图像的视觉特征提取，主要从颜色、纹理、形状等几个角度来进行。镜头运动特性提取通过对镜头的运动分析（主要针对镜头运动的变化、运动目标的大小变化、视频目标的运动轨迹等）来进行。之后根据提取的特征建立索引。用户可以在此基础上进行视频的浏览和检索。

9.4.3　基于内容的视频检索的关键技术

视频检索的关键技术包括镜头检测、关键帧提取、视频特征提取、镜头聚类和场景提取、视频索引、视频检索与浏览等。

1. 镜头检测

视频结构化是指通过镜头边界的检测，把视频分割成基本的组成单元——镜头，镜头边界检测是建立视频结构的第一步，是视频结构分析的主要内容，直接影响到视频检索的成败。镜头检测是将视频自动地分割为镜头，以作为基本的索引单元，因此镜头的自动分割是视频结构化的基础（蒲筱哥，2010）。

当视频情节内容发生变化时，会出现镜头切换。镜头之间的切换方式主要可分为两大类：突变和渐变。突变是两个镜头之间没有过渡，直接从一个镜头跳跃至下一个镜头；渐变指一个镜头向另一个镜头渐渐过渡的过程，没有明显的镜头跳跃，包括淡入淡出、融合和擦洗等。视频的镜头分割不仅要将镜头间的突变检测出来，还要将渐变分割出来。关于镜头检测已经提出了很多算法，大体上可将这些算法分为两大类：基于解压的全图像序列的算法和直接基于压缩视频的算法。

基于解压的全图像序列的算法基本上是基于阈值的。当前帧间差别主要通过直方图间、像素间或块间的差值而获得，也可以通过双值门限比较、对运动矢量的分析及基于聚类或模糊聚类的检测等方法而获得，如果这个差值超过预先设定的阈值则说明镜头发生了转换。主要的方法包括直方图比较法、像素比较法、块比较法、双值门限比较法、基于运动矢量的方法、基于聚类或模糊聚类的检测方法等。另外，由于数字视频文件通常以压缩形式存储，因此，镜头的检测要能够直接对压缩视频数据进行，即直接基于压缩视频的算法。对压缩视频镜头检测的方法与未经压缩的视频信息大体相似，主要是将相邻两帧的压缩数据进行比较，如离散余弦变换（discrete cosine transform，DCT）系数检测法。

2. 关键帧提取

关键帧是反映一组镜头中主要信息内容的一帧或若干帧图像，关键帧的作用类似于文本检索中的关键词。用关键帧来代表镜头，使得对视频镜头可用图像的技术进行检索。关键帧的选取必须能够反映镜头中的主要事件，描述应尽可能准确完全，数据量应尽量小，计算不宜太复杂。目前主要的关键帧提取方法包括特定帧法、帧平均法、直方图平均法、基于光流的运动分析。

一段视频被分割为若干镜头后，最简单直接的关键帧提取方法是将每个镜头的首帧、中间帧和末帧作为镜头的关键帧。这一方法为特定帧法。特定帧法实现简单，但是不能充分反映视频内容的变化，不适用于在镜头内容变化较多的镜头内提取关键帧。

帧平均法是计算一个镜头中所有帧在某个位置上的像素值的平均值，将镜头中该点位置的像素值等于平均值的帧作为关键帧。直方图平均法则是将镜头中所有帧的统计直方图取平均，然后选择与该平均直方图最接近的帧作为关键帧。帧平均法和直方图平均法能在一定程度上反映视频内容，计算量也不大，所选取的帧具有平均代表意义。但是这两种方法需要记录每一帧的像素值或直方图，所需的存储空间较大，也无法描述有多个物体运动的镜头。

上述关键帧提取方法都没有考虑运动特征。基于光流的运动分析通过光流分析来计算镜头中的运动量，在运动量取局部最小值处选取关键帧，它反映了视频数据中一个"静止"特点。

3. 视频特征提取

视频特征提取包括镜头运动特征的提取和关键帧静态特征的提取。关键帧静态特征的提取与图像特征的提取方法基本一致，因此这里主要介绍镜头运动特征的提取。

视频检索的运动特征主要是指基于对象的运动特征，其方法可以分为基于运动分割的研究方法和基于轨迹的研究方法。基于运动分割的研究方法是指使用相邻帧之间的差异将图像分割成与不同物体相对应的区域，使用光流方法来估计像素级的运动矢量，然后将像素聚类成相关运动的区域以获得分割结果。物体的运动轨迹也可以作为一种重要的运动特征，通过描述物体的运动轨迹可获取运动特征，即基于轨迹的研究方法（胡志军和徐勇，2020）。

4. 镜头聚类和场景提取

在镜头聚类及场景生成过程中，镜头不仅在时间上是连续的，更重要的是它们在内容含义上是一致的，这是镜头聚类的关键。视频聚类的过程也就是镜头匹配的过程，即在一组特征参数度量下将相似的镜头合并为镜头组，进而聚类生成对应的场景。通过视频聚类可以缩小检索范围，提高检索效率。

5. 视频索引

实现对关键帧的视觉特征和镜头的运动特征的提取之后，即可进行视频索引的建立。视频索引从不同的角度有不同的分类方式，以选取的索引内容划分，可以分成基于特征的索引、基于注释的索引和基于特定领域的索引。

基于特征的索引即基于视频内容的静态特征和动态特征建立索引。由于视频内容的复杂性，所提取的特征通常是高维向量，常用的高维视频数据库特征索引技术包括树结构索引和哈希索引。基于特征匹配的视频检索缺乏语义信息，用户在说明查询需求时不方便。为此，人们提出了基于注释的索引。注释就是与特定视频相关的语义属性集，可捕获视频的高级内容。目前基于注释的索引技术的研究主要集中在注释语言的选择、注释结构的设计及方便的人机交互式注释界面设计等三个方面。基于特定领域的索引是指专门针对某个应用领域建立的索引，一般有固有的模式。

6. 视频检索与浏览

索引建立后就可以基于视频的静态特征、动态特征或两者的结合进行检索了，主要的方法包括基于关键帧的检索和基于镜头动态特征的检索。

视频被抽象为关键帧后，对视频的搜索即转换为对关键帧的搜索。用户可以直接描述目标特征或者使用示例查询。当检索到关键帧时，用户就可以播放该关键帧所代表的视频片段。基于镜头和主体目标的运动特征检索是视频检索的进一步要求。例如，可以利用摄像机操作的表示来查询镜头，也可以利用运动方向和幅度特征来检索运动的主体目标。此外，还可以将运动特征和关键帧特征结合起来，检索出具有相似动态特征但静态特征不同的镜头。

视频浏览是视频检索系统中交互查询的一个组成部分。为了有效地浏览，视频的内容应表示成用户易于理解的静态画面的形式，并且应提供非线性的访问。通常每个镜头的关键帧被用作"浓缩"了的视频序列。然而，在许多视频中，常常有几百个镜头。另外仅用静态的画面常常不足以表示动态的信息，因此仅将代表帧排列起来的方法无法满足用户有效的浏览要求。为此，研究者提出了结构化的浏览方法，如简单层次浏览、视频内容的目录结构、场景转换图、视频摘要等。

9.5　本章实验

实验名称：基于内容的多媒体信息检索系统调查。

实验目的：通过网络调查，了解基于内容的多媒体信息检索系统的实际应用情况，了解各个系统的主要功能，加深对理论内容的理解。

实验内容：

基于本章中给出的示例，结合个人经验，辅助信息检索，查找目前主要的基于内容的多媒体信息检索系统（图像、音乐、视频等），进入系统了解其主要功能，并进行比较分析。

实验步骤：

（1）进入百度识图，输入网址或上传本地图片，点击"识图一下"获取结果，分析系统功能。

（2）进入购物平台，使用平台的拍照识图，分析其功能。

（3）进入手机音乐 App，使用 App 提供的"听歌识曲"，并分析其功能。

（4）利用搜索引擎和网络数据库，搜索基于内容的多媒体信息检索系统。

（5）分析比较各个系统的功能。

第10章 信息检索评价

10.1 信息检索评价概述

10.1.1 信息检索评价的概念与意义

评价是发现和收集关于某种服务或活动的数据，并从中判断该项服务或活动的质量及其达到预定目标程度的行为（赵丹群，2008）。信息检索评价主要指对信息检索系统的评价，是信息检索领域重要的研究内容。

信息检索系统评价是系统评价的一种类型，它根据给定的指标体系，采用一定的方法和程序，对信息检索系统（及其各组成要素）的功能、性能和运营状况进行评测，或者对与评价对象有关的某些假设、预期效益或性能值进行验证，以确定系统达到了何种水平，投入的成本是否值得，是否可以改进和如何改进，乃至系统是否应生存下去（赖茂生等，2006）。

信息检索系统评价的意义主要表现在以下几个方面（赖茂生等，2006）。

（1）提高资源分配的合理性，争取在不增加投入（或适当减少投入）的前提下保持或增加系统的效率与效益。

（2）保证系统能连续地提供高质量的服务。

（3）找出系统存在的缺陷及其原因，提出改进建议。

（4）科学的评价有助于新系统的设计，评价活动也丰富了信息检索的研究内容。

自信息检索系统诞生以来，众多的评价活动一直是推动其研究、开发与应用的主要力量。研究人员在长期评价实践中已经总结出一些比较合理的评价指标和评价方法，信息检索系统评价的可行性已明显增强。信息检索的技术与方法在不断发展变化，新的检索系统如多媒体信息检索、智能信息检索、跨语言检索等不断出现，信息检索评价也在面临新的问题和挑战。如何构建更为合理的评价指标体系？如何提高评价工作的科学性？这些任务都有待完成。

10.1.2 信息检索评价的范围与类型

信息检索系统包括一切具有存储和检索功能的设施，因此评价范围也应包括各种不同类型的检索系统及其组成要素，如手工检索系统、脱机检索系统、联机检索系统、网络检索系统、标引子系统、检索语言等。信息检索系统的作用可以表现为多个方面，如功能方面、性能方面、经济方面、社会方面等，评价的目的和方法也有多种类型。因此，信息检索系统的评价可以分为多种类型。

1. 功能评价

任何一个检索系统都应该提供对一个文档集合进行检索的基本功能，同时在用户提交查询请求的不同输入方式、检索结果的呈现方式等方面提供多种功能。功能评价主要针对的是信息检索系统的检索功能和其他功能，可以通过测试系统来判定系统是否支持某项功能，因此相对来说较容易（刘挺等，2008）。

2. 性能评价

性能评价是测定系统的质量或服务效果，即满足用户需要的程度。一个信息检索系统能否为用户提供满意的检索服务，主要依赖于检索系统的性能表现。在对检索系统进行性能评价时，常用的方法是衡量系统的时间和空间指标，系统的响应时间越短、占用的空间越少，系统性能越好。

除了系统的时间和空间因素以外，对于信息检索系统的性能评价，还要求评估检索的结果是否完全、准确，即检索出来的文档相关性有多大，以及是否检出了大部分的相关文档。为了实现这种评估，需要判断检索出的结果与用户查询的相关性。相关性具有较为丰富的内涵，既有系统相关性，也有用户相关性。对相关性概念的不同界定，必然会影响相关性判断的结果。

3. 效益评价

信息检索系统的效益评价主要用来测定检索系统提供的服务或系统本身投入使用所获得的效益（包括经济效益和社会效益）。效益评价往往很难或不能直接计量，并且具有某种潜在性、滞后性和不确定性，因此具体的评价工作难度较大。

10.2 信息检索评价的指标体系

评价信息检索系统需要建立一套科学的评价指标，每项指标都应该定义明确，可以操作和计量。在功能评价、性能评价和效益评价这三类评价研究与评价活动中，目前人们关注较多的、应用与研究都更为成熟的是信息检索系统的性能评价指标，因此，本节主要介绍有关性能评价的指标。

10.2.1 查全率和查准率

1. 基本定义

查全率和查准率是信息检索性能评价最重要和最常用的指标。关于查全率和查准率的计算，可以通过检索系统性能评价使用的 2×2 表来说明（表 10-1）。

表 10-1　检索系统性能评价使用的 2×2 表

文档	相关文档	非相关文档	总计
被检出文档	a	c	$a+c$
未检出文档	b	d	$b+d$
总计	$a+b$	$c+d$	$a+b+c+d$

查全率（也称召回率，recall）是衡量系统在实施某一项检索作业时检出相关文档能力的一种测度指标，其计算方法为

$$R = 检出的相关文档量/检索系统中的相关文档总量 = a / (a + b) \qquad (10\text{-}1)$$

查准率（也称准确率，precision）是衡量系统在实施某一检索作业时拒绝不相关文档能力的一个测度指标，其计算方法为

$$P = 检出的相关文档量/检出的文档总量 = a / (a + c) \qquad (10\text{-}2)$$

从上面的公式可以看出，查全率和查准率计算公式的分子相同，为了提高查全率和查准率，必须尽可能地降低未检出的相关文档和被检索的非相关文档的数量。但一般情况下，查全率和查准率不可能同时提高，二者存在互逆关系，提高检索的查准率，就会降低检索的查全率。

2. P-R 曲线

查全率和查准率的计算是基于对检出文档集中所有文档进行检查的基础上完成的，即对所有文档进行相关性判断。但检索系统返回的结果比较多，系统一般不会一次性地将检出文档集中的所有结果都返回给用户，而是将结果集中的文档按照和查询的相关度进行排序，用户从第一篇文档开始查看排序列表。在这种情况下，查全率和查准率的计算结果可能会随着用户核查的进程而变化。此时，查准率/查全率曲线（P-R 曲线）更能清晰地描述评价结果。

【例 10-1】　设有一个包含 1000 个文档的集合，给定查询 q，文档集合中与查询 q 相关的文档共有 10 个。采用某种信息检索算法得到的查询结果如表 10-2 所示。

表 10-2　采用某种信息检索算法得到的查询结果

结果排序	1	2	3	4	5	6	7	8	9	10
是否相关	*		*		*		*	*		
结果排序	11	12	13	14	15	16	17	18	19	20
是否相关		*	*		*				*	*

*表示在此位置的文档与查询相关

试计算查全率分别在 0.1、0.2、0.3、0.4、0.5、0.6、0.7、0.8、0.9、1.0 时的查准率，并绘制 P-R 曲线。

解：根据公式分别计算在各相关点上的查全率和查准率，结果如表 10-3 所示。

表 10-3   各相关点上的查全率和查准率计算结果

结果排序	1	3	5	7	8	12	13	15	19	20
是否相关	*	*	*	*	*	*	*	*	*	*
查全率	0.1	0.2	0.3	0.4	0.5	0.6	0.7	0.8	0.9	1.0
查准率	1.00	0.67	0.60	0.57	0.63	0.50	0.54	0.53	0.47	0.50

*表示在此位置的文档与查询相关

由表 10-3 的计算结果绘制出的 *P-R* 曲线如图 10-1 所示。

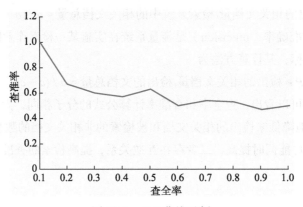

图 10-1   *P-R* 曲线示例

为了更方便地绘制 *P-R* 曲线，也为便于比较，研究者常常使用 11 点标准查全率水平下的 *P-R* 曲线，即计算查全率分别为 0，10%，20%，⋯，100%（共计 11 点）下的查准率，再绘制 *P-R* 曲线。但实际应用时，可能得不到完全的 11 点标准查全率，因此需要对查准率进行插补。插补方法有多种，这里给出一种，如下。

设 $r_j\{j = 0,1,2,\cdots,10\}$ 为第 j 个标准查全率的一个参量（如 r_3 是查全率为 30%的参量），有

$$P(r_j) = \max_{r_j \leqslant r \leqslant r_{j+1}} P(r)$$

即第 j 个标准查全率水平的插补查准率是介于第 j 个和第 $j+1$ 个查全率之间任意一个查全率所对应的查准率的最大值。

【例 10-2】   给定查询 q，在文档集合 C 中与查询 q 相关的文档共有 5 个，在一次查询中排序输出前 10 个文档，查询结果如表 10-4 所示。

表 10-4   排序输出结果

结果排序	1	2	3	4	5	6	7	8	9	10
是否相关	*			*				*		

*表示在此位置的文档与查询相关

试计算查全率分别在 0、0.1、0.2、0.3、0.4、0.5、0.6、0.7、0.8、0.9、1.0 时的查准

率，如需插补则利用公式进行插补计算。

解：首先计算各相关文档处的查全率和查准率。第一篇相关文档处的查全率为 20%，查准率为 100%；第二篇相关文档处的查全率为 40%，查准率为 50%；第三篇相关文档处的查全率为 60%，查准率为 37.5%。

可以发现 11 点标准查全率只有 20%、40% 和 60%，其余均需插补。根据插补公式，查全率为 0 时，插补查准率为 100%；查全率为 10% 时，插补查准率为 100%；查全率为 30% 时，插补查准率为 50%；查全率为 50% 时，插补查准率为 37.5%；查全率为 70%、80%、90% 时，插补查准率为 0。

10.2.2　查全率与查准率的发展

1. 已检出相关文献的平均查准率均值

平均查准率均值（mean average precision，MAP）是反映检索系统在全部查询上性能的单值指标。单个查询的平均查准率（average precision，AP）是依次考察排序结果中每个新的相关文档，然后计算每个相关文档处的查准率取值的平均值。而 MAP 则是计算每个查询的平均查准率的平均值。系统检索出来的相关文档位置越靠前（排序值越小），MAP 就可能越高。如果系统没有返回相关文档，则查准率默认为 0。MAP 的计算公式如下所示：

$$\text{MAP} = \frac{1}{r} \sum_{i=1}^{r} \frac{i}{R_i} \tag{10-3}$$

其中，r 为与某一查询相关的文档数；R_i 为第 i 个相关文档在结果中的排序值。

【例 10-3】　假设有两个查询，查询 1 有 4 个相关文档，查询 2 有 5 个相关文档。某信息检索系统，对于查询 1 检索出 4 个相关文档，相关文档在结果中的排序位置分别为 1，2，4，7；对于查询 2 检索出 3 个相关文档，相关文档在结果中的排序位置分别为 1，3，5。分别计算查询 1 和查询 2 的 AP 值，以及该信息检索系统关于查询 1 和查询 2 的 MAP。

解：对于查询 1，AP =(1/1 + 2/2 + 3/4 + 4/7)/4 = 0.83

对于查询 2，AP =(1/1 + 2/3 + 3/5 + 0 + 0)/5 = 0.45

因此，MAP =(0.83 + 0.45)/2 = 0.64

2. R 查准率

单个查询的 R 查准率（R-precision）是检索出 R 篇相关文档时的准确率，其中 R 是当前检索系统中相关文档总数。查询集合中所有查询的 R 查准率是每个查询的 R 查准率的平均值。

$$R\text{-precision} = \frac{\text{前} R \text{篇文档中相关文档数}}{R} \tag{10-4}$$

【例 10-4】　设有两个查询，查询 1 的相关文档数为 40，查询 2 的相关文档数为 20。某信息检索系统对于查询 1 返回的前 40 个结果中有 15 个是相关的，对于查询 2 返回的前 20 个结果中有 9 个是相关的。则该系统在查询 1 上的 R 查准率为 15/40 = 0.375，在查询 2 上的 R 查准率为 9/20 = 0.45，查询集合的 R 查准率为（15/40 + 9/20）/2 = 0.4125。

3. P@N

对于实际运行的信息检索系统，一个查询的相关文档通常是无法得到的，这将会导致一些需要已知相关文档总数的指标无法计算，这时可以采用不需要已知相关文档总数的指标，如 P@N。P@N 是指计算排序结果中前 N 个结果的查准率。P@N 能比较有效地反映系统在真实应用环境下所表现的性能，其中 P@10 和 P@20 是最常用的指标。

4. 调和平均值

调和平均值是将查准率和查全率加权平均的评价方法，其公式如下所示：

$$F = \frac{2PR}{P+R} \tag{10-5}$$

其中，P 为查准率；R 为查全率；F 为 P 和 R 的调和平均值；F 的取值区间为[0,1]。当没有检索出相关文档时，F 取值为 0；当检索出所有相关文档时，F 为 1。只有当 P 和 R 都比较高时，系统才会有较高的 F 值。调和平均值反映了系统的综合性能。

5. E 指标

E 指标是另一种把查准率和查全率综合考量的评价方法，其计算公式如下：

$$E = 1 - \frac{1+b^2}{\dfrac{b^2}{R} + \dfrac{1}{P}} \tag{10-6}$$

其中，P 为查准率；R 为查全率；E 为评价指标；b 为用户指定的参数，可以允许用户调整查全率 R 和查准率 P 的相对重要程度。当 b=1 时，E=1–F，表示 E 指标和调和平均值 F 互补；当 b>1 时，表示查准率 P 的重要性大于查全率 R；当 b<1 时，表示查全率 R 的重要性大于查准率 P。

10.2.3 特殊的评价指标

随着信息技术与互联网的发展，信息检索研究所采用的数据集越来越大，因此构建完整的相关性判断越来越难。在相关性判断不完整的情况下，采用现有评价方法得出的测试结果会有失公正。此外，二元相关性判断并没有考虑到文档所具有的不同程度的相关度。对于搜索引擎这样的对高相关性文档进行检索的任务而言，原有的评价指标也不能很好地对任务评测（刘挺等，2008）。本节介绍三种评价指标，分别适用于以上情况。

1. bpref

这一指标只考虑对返回结果列表中的经过判断后的文档进行评价。在相关性判断完整的情况下，bpref（binary preference-based measure）具有与 MAP 相一致的评价结果。在测试集相关性判断不完全的情况下，bpref 依然具有很好的应用。这个评价指标主要关心不相关文档在相关文档之前出现的次数。具体公式为

$$\text{bpref} = \frac{1}{R} \sum_r \left(1 - \frac{n_r}{R}\right) \tag{10-7}$$

其中，R 为文档集合中与查询 q 相关的文档数；r 为一个相关文档；n_r 为在相关文档 r 之前的非相关文档数。

例如，假设检索结果集 S 为

$$S = \{D1, D2\cdot, D3^*, D4^*, D5\cdot, D6, D7\cdot, D8, D9, D10\}$$

其中，$D2$、$D5$ 和 $D7$ 为相关文档；$D3$ 和 $D4$ 为未经判断的文档。

对这个例子来说，$R = 3$；$\text{bpref} = 1/3\ [(1 - 1/3) + (1 - 1/3) + (1 - 2/3)]$

2. NDCG

在实际的信息检索系统中，每个文档不仅仅只有相关和不相关两种情况，而是有相关度级别。可以假设，对于返回结果，相关度级别越高的结果越多越好，相关度级别越高的结果越靠前越好。在倾向高相关性文档检索技术的领域，出现了一些对高相关性文档检索能力的评价方法，NDCG（normalized discounted cumulative gain，归一化折损累计增益）就是其中之一。这一方法中，对应一个查询，每个文档都有一个相关度权值，假设相关度权值为 0、1、2、3（0 为完全不相关，3 为完全相关）。

在实际应用中，NDCG 的计算过程分为三个步骤，分别是 CG（cumulative gain）、DCG（discounted cumulative gain）和 NDCG 的计算。

假设对于某一查询，检索系统返回的排序结果如下：

$$G = \{D_1, D_2, D_3, D_4, D_5, D_6, D_7, D_8, D_9, D_{10}\}$$

每一个文档对应一个相关度权值，则可以将 G 改写为一个相关度权值排序集 G'，G' 中的数值代表 G 中文档的相关度权值。如下所示：

$$G' = \{3, 2, 3, 0, 0, 1, 2, 2, 3, 0\}$$

排序列表中第 i 个累积权值 CG 由 G' 按照以下公式计算：

$$\text{CG}[i] = \begin{cases} G'[1], & i = 1 \\ \text{CG}[i-1] + G'[i], & i = 2, 3, \cdots, n \end{cases} \tag{10-8}$$

对于上例中的 G'，$\text{CG} = \{3, 5, 8, 8, 8, 9, 11, 13, 16, 16\}$。

第二阶段为 DCG 的计算。在排序结果中，位置相对靠后的文档对用户的价值相对较小，考虑到这一点，DCG 的计算引入了一个与排序位置相关的折扣因素，使得在计算累计权值时相关文档的实际权值会随着排序序号的增大而降低。DCG 的计算公式如下：

$$\text{DCG}[i] = \begin{cases} \text{CG}[i], & i < b \\ \text{DCG}[i-1] + \dfrac{G[i]}{\log_b i}, & i \geq b \end{cases} \tag{10-9}$$

底数 b 选择不同，折扣函数的曲线斜率就不同，对累计权值的影响也不同。对于上例，令 $b = 2$，则 $\text{DCG} = \{3.00, 5.00, 6.89, 6.89, 6.89, 7.28, 7.99, 8.66, 9.61, 9.61\}$。

为了便于比较，需要把 DCG 进行归一化，使得所有的值都在 0 到 1 之间，因此在每一个位置上都除以其最优排序时的 DCG 值。形式化的表达为：给定一个根据某个排序计算出来的 DCG 序列：$\{v_1, v_2, \cdots, v_k\}$，而根据最优排序计算出的 DCG 序列为：$\{i_1, i_2, \cdots, i_k\}$，则这个排序对应的 NDCG 序列为：$\{v_1/i_1, v_2/i_2, \cdots, v_k/i_k\}$。

上例中检索系统返回结果的最理想结果序列 I' 为

$I' = \{3, 3, 3, 2, 2, 2, 1, 0, 0, 0\}$

根据理想序列 I'，可以计算最理想情况下的 CG 和 DCG 序列：

$CG' = \{3, 6, 9, 11, 13, 15, 16, 16, 16, 16\}$

$DCG' = \{3.00, 6.00, 7.89, 8.89, 9.75, 10.52, 10.88, 10.88, 10.88, 10.88\}$

则归一化的结果 NDCG 为

$NDCG = \{1.00, 0.83, 0.87, 0.78, 0.71, 0.69, 0.73, 0.80, 0.88, 0.88\}$

3．排序倒数和平均排序倒数

某些信息检索系统只关心第一个相关文档在排序结果中的位置，位置越靠前越好，这时可以采用排序倒数（reciprocal ranking，RR）为指标。排序倒数是排序结果中第一个相关文档出现位置的倒数，其公式为 $RR = 1/r$，其中 r 为第一个相关文档在结果中的排序数。平均排序倒数（mean reciprocal ranking，MRR）是多个查询的 RR 结果的平均值。

10.2.4　其他指标

（1）响应时间。响应时间是指在一次检索过程中，用户从开始向信息检索系统提交查询到系统输出检索结果的全部时间。一般来说，响应时间越短，查全率和查准率越高，检索系统的性能越好。

（2）覆盖率。覆盖率是指在用户已知的相关文档集合中，检出相关文档所占的比率。覆盖率反映了某种检索方法或某个检索系统检索出用户所需文档的能力，覆盖率越高，表明这种能力越强。

（3）新颖率。新颖率是指实际检出的相关文档中用户未知的相关文档所占的比率。新颖率反映了某种检索方法或某个检索系统检索出新信息的能力，新颖率越高表明这种能力越强。

（4）相对查全率。相对查全率是指检出的相关文档数量与用户期望检出的相关文档数量之比。相对查全率反映了用户的期望满足度，相对查全率越高，用户越满意。

（5）查全率负担。查全率负担指用户期望得到的相关文档数量与要得到这些相关文档所需检索的文档总数的比值。

10.3　国内外信息检索评测

10.3.1　信息检索评测概述

信息检索系统的测试通常是在规范化环境下进行的，测试机制一般包括测试集、测试的规则与程序以及系统评估的准则。用户在信息检索系统中的一般模式，是将其信息需求表示为查询问句输入系统，检索系统在索引库中进行匹配和相关性判断，依据相关性判断的结果输出用户可能需要的信息。信息检索系统的测试则是仿真这一模式，因此，测试集通常包括一组文档集、查询问题及表示两者之间相关性的答案集。

信息检索系统评测活动自 20 世纪 50 年代开始，多是在规范化的环境中进行的。评测的流程一般如图 10-2 所示。

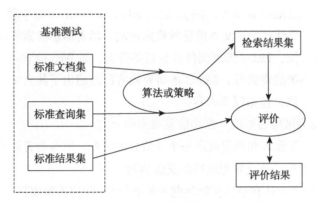

图 10-2　信息检索系统评测的一般流程

信息检索系统评测活动的发展过程中，出现了一些著名的评测实验。例如，克莱弗登（Cleverdon）进行的克兰菲尔德（Cranfield）实验。首次 Cranfield 研究始于 1957 年，被称为 CranfieldⅠ工程，是首次开展的对检索系统评价的深入研究。1966 年，在第一期工程的基础上，Cleverdon 开展了 CranfieldⅡ工程。这一实验通过一组文档集、查询问题及相关性判断所组成的测试集和有效性测度来评估不同检索方式的优劣。除了 Cranfield 实验以外，还有如 MEDLARS、SMART、STAIRS[①]等检索系统评测实验（王知津，2015）。这些评测活动测试目的和测试对象不同，各有不同的组成结构。但这些实验所用的测试集规模均不大，大多是为了个别的测试计划而设计的。而这些测试集的规模与特性与真实的检索环境有较大的差异，因此，其测试结果也受到不同程度的质疑。

1992 年，美国国防部高级研究计划局（Defense Advanced Research Projects Agency，DARPA）和美国国家标准与技术研究院（National Institute of Standards and Technology，NIST）联合主持了文本检索会议（Text Retrieval Conference，TREC），通过大型测试集的构建，以及测试项目、测试程序和评估准则的制定，提供了不同检索系统与检索技术之间的标准评估环境。除了 TREC 以外，类似的评测活动还有日本的 NII（National Institute of Informatics，国立情报学研究所）主持的 NTCIR（NII Test Collection for Information Retrieval，NII 信息检索测试集），欧盟的 CLEF（Cross Language Evaluation Forum，跨语言评估平台）。我国也有一些信息系统评测项目，如北京大学天网 CWIRF（Chinese Web Information Retrieval Forum，中文网络信息检索论坛）。

---

① MEDLARS 表示 Medical Literature Analysis and Retrieval System，一个计算机化的医学文献分析与检索系统；SMART 表示 System for the Mechanical Analysis and Retrieval of Text，文本机械分析检索系统；STAIRS 表示 Storage and Information Retrieval System，存储和信息检索系统。

10.3.2 TREC 评测

1. TREC 简介

1992 年，第一届 TREC 在 NIST 举行，之后 NIST 和 DARPA 每年联合举行一次 TREC 会议。TREC 最初主要针对的是文本信息的检索评测。随着信息检索领域的不断发展，出现了一些新的检索系统，TREC 的评测任务也逐年更新，如 Web 检索的评测、多媒体信息检索的评测、问答系统的评测等。TREC 的研究内容已经超出了其名字所能涵盖的内容，但其主要目标始终一致，包括以下内容。

（1）以大规模测试集为基础，推动信息检索的研究。

（2）为学术界、工业界和政府提供一个开放式的论坛，使与会者能够交流研究的成果与心得，以增进学术界、产业界与政府的交流沟通。

（3）通过展示检索方法在解决实际问题中的有效性，加速实验室技术转化为商业产品。

（4）为工业界和学术界提供和改进适宜的评测方法，并开发更适合现有系统的评测方法。

TREC 评测一般在每年春季发布数据，夏季开展实验，在 11 月份召开年会提交结果。其评测过程大致为：①确定任务。由 NIST 选择某些任务，制定规范。②参加者报名。参加者选择感兴趣的任务，由 TREC 提供数据。③参加者运行任务。参加者用自己的系统运行测试问题，得出结果提交给 NIST。④NIST 对参加者提供的结果进行评估，并将结果返回给参加者。

目前，世界各国参加 TREC 评测的机构越来越多，其在信息检索评测方面的影响力和权威性已得到广泛认可。国内清华大学、复旦大学、哈尔滨工业大学、中国科学院等多家单位都参与了 TREC 评测任务。

2. TREC 测试集

TREC 的一个主要特色就是建立并完善一个大规模公用测试集，参与 TREC 活动的成员可以在统一的数据集合上开展实验，以便对不同系统和算法进行比较。TREC 测试集主要包括文档集合、主题和相关性判断。

1）文档集合

文档集合对应着信息检索系统中的资源集合，应能反映现实系统信息资源的多样性，因此应该兼容多种文档主题和文档风格。

TREC 的文档集合数据规模较大，不同任务对应不同的文档集。TREC 的文档集合分为"英语文档集合"和"非英语文档集合"，其中以英语文档集合为主，还包括汉语、西班牙语、法语、德语、意大利语等语种的文档集合。文档主要来自新闻和报纸，也有部分政府文档。文档一般采用 SGML（standard generalized markup language，标准通用置标语言）进行标记，示例如图 10-3 所示。

```
<DOC>
<DOCNO>WSJ880406-0090</DOCNO>
<HL>AT&T Unveils Services to Upgrade Phone Networks Under Global Plan </HL>
<AUTHOR>Janet Guyon (WSJ staff) </AUTHOR>
<TEXT>
 American Telephone & Telegraph Co. introduced the first of a new generation of
 phone services with broad implications for computer and communications
 ......
</TEXT>
</DOC>
```

图 10-3　TREC 文档示例

TREC 文档集合中文档长短不一，尽量保留了原有的结构信息，从而使整个语料更接近真实的文本处理环境。

2）主题

TREC 测试集中查询被称为主题（topic）。主题同样采用 SGML 进行标记。主题在形式上与实际输入到检索系统进行检索的表达式不同，一个主题可以允许多种方式构造检索表达式，检索表达式可以自动生成，也可以人工生成，或者通过相关反馈得到。

每个主题都有一个唯一的序列编号，编号以外有三个字段用来描述主题：title、Description 和 Narrative。title 即标题，通常由几个单词构成，比较简短，用于描述主题的标题；Description 即描述，通常为一句话，用于描述满足主题要求的文档必须涉及的内容；Narrative 即详述，用于更为详尽地描述哪些文档是相关文档，哪些文档是非相关文档。示例如图 10-4 所示。

```
<top>
<num> Number: 501
<title>    deduction and induction in English?
<desc> Description:
What is the difference between deduction and induction in the
process of reasoning?
<narr> Narrative:
A relevant document will contrast inductive and deductive reasoning.
A document that discusses only one or the other is not relevant.
</top>
```

图 10-4　TREC 主题示例

TREC 的主题是以仿真的方式构建的，并不是实际搜集的真实的用户需求。TREC-1 和 TREC-2 共有 150 个主题，之后每届 TREC 均构建 50 个新主题。为了使每次构建出的主题在描述方式、词汇运用等方面保持一定程度的一致性，从 TREC-1 开始，每届的查询主题均由一位至两位专家负责制定。

3）相关性判断

相关性判断是指对每个主题汇总出相关文档的列表。TREC 的文档集合规模大，逐一判断每一篇文档与每一个主题的相关性难度较大。因此，TREC 的相关性判断采用了名为 Pooling 的方法：针对每个查询，将各个系统返回的前 n 个结果汇总，去除重复文档，剩下的文档组成该查询的相关文档集合。

Pooling 方法的具体操作过程是：针对某一查询，所有参与其检索实验的系统分别给出各自检索结果中的前 n 个文档，将这些文档汇总并去重，构成一个可能相关的文档池。然后交由检索评价专家进行人工判断，最终对每个文档的相关性做出评价。Pooling 方法通过多个检索系统和多种检索技术汇总可能的相关文档，借此可以减少人工判断的负荷。

3. TREC 评测的任务（track）

早期 TREC 评测主要包括两个任务：ad hoc 检索任务和 routing 检索任务。ad hoc 检索任务即批处理检索实验，类似于图书馆中的资料查询过程，文档集是已知的、相对稳定的，而用户查询是未知的或模糊的。ad hoc 检索任务使用不同的查询问题，在同一文档集合中进行检索。参加者在开赛前只拥有文档集，而描述查询需求的主题在评测时才交给参加者。参加者可以预先对语料进行各种各样的分析，建立好检索系统。

routing 检索任务即固定主题检索任务，用户的查询要求相对稳定，而文档集却处于不断变化之中。这一检索任务类似过滤工作，去除过滤中满足用户查询需求的文档之外，还要对文档进行排序处理。在 routing 检索任务中，查询称为需求描述（profile）。TREC 使用同样的一批查询式，在不同的文档集中进行检索。参加者在开赛前仅有自然语言查询式和一个训练语料集，真正的测试语料开赛后才发给参加者。参加者可以先对给定的查询问题使用训练集进行检索训练，做各种分析，不断调整其检索式的构造，直到提交给 NIST 最终的检索结果，就不能对检索式进行修改了。

ad hoc 检索任务和 routing 检索任务作为早期的检索任务已经分别于 1998 年和 2000 年终止。随着多种形态网络信息的出现以及检索需求的多元化，TREC 陆续引入了多种针对性更强的检索子任务，即 track。以下是历届 TREC 中出现的部分子任务及其简介。

跨语言检索任务（cross-language retrieval track）：其属于 ad hoc 检索任务，在这一任务中，文档和主题使用不同语言，目的是测试检索系统找出跨语言相关文档的能力。

过滤任务（filtering track）：其是要测试在动态的文档流中检索出匹配用户兴趣的文档的能力。

交互任务（interactive track）：其除了测试检索结果之外，也将检索中人与系统的交互过程考虑在内。

问答任务（question answer track）：其目的是测试系统对于给定查询返回实际回答的能力。针对某一查询，常规检索任务一般只能返回排序的文件列表，而问答任务则需系统返回问题的解答。

视频任务（video track）：其目的是要研究基于内容的视频信息检索。

Web 检索任务（Web track）：其是要进行 WWW 文档集合检索的实验评价。这一任务包括两个子任务，子任务一为 ad hoc 任务，为传统 ad hoc 任务在 Web 中的拓展，子任务二为主页发现任务，用户已知某个网页，但不知道具体的 URL，用户关心如何找到该网页的入口地址。

新颖性任务（novelty track）：其目的是评测检索系统定位新的相关信息的能力。

基因组学任务（genomics track）：其致力于特定领域的检索，其目的之一是探索如何利用领域知识改善检索效果。

高精确性检索任务（high accuracy retrieval from documents track）：其致力于面向特定用户提高检索性能。

鲁棒性检索任务（robust retrieval track）：其目标是提高单个检索的有效性。

历届 TREC 的测评任务动态更新，在一定程度上反映了信息检索领域的研究与实践进展，如 TREC2020 的主要任务如下所示。

会话辅助任务（ conversational assistance track）：其致力于探索面向用户复杂信息需求的会话查询任务。

深度学习任务（deep learning track）：其引入了人工标注的训练集，目标是研究大规模训练语料中信息检索技术的有效性。

健康错误信息任务（health misinformation track）：检索结果中的错误信息会导致用户的决策失误。健康错误信息任务从三个方面考量健康信息检索中的错误信息问题：ad hoc 检索、文献集合中错误信息的召回率、存在错误信息时的检索评价。

事件流任务（incident streams track）：其关注了突发公共危机事件下对社交媒体数据的处理与利用问题。

新闻任务（news track）：其关注了信息检索在新闻服务领域的应用问题。

播客任务（podcast track）：其关注播客信息的检索。

精准医学任务（precision medicine track）：其关注为特定病人识别适合的治疗方案。

10.3.3　NTCIR 评测

NTCIR[①]始于 1998 年，是由日本 NII 主办的搜索引擎评价国际会议。主要关注中、日、韩等亚洲语种的相关信息处理。该评测会议的主要目的是就增强信息获取技术的研究交流，包括信息检索、问答系统、文本摘要、信息抽取等。评测会议会提供试验测试集和统一的实验结果评价流程。在 NTCIR 中，每个参评小组独立完成自己的研究和试验系统，并使用 NTCIR 组织者提供的相同的数据来测试系统的效果。

第一届 NTCIR 会议开始于 1998 年 11 月，会议论坛于 1999 年 8 月底 9 月初举办，有来自 6 个国家的 28 个工作组参加相关比赛并提交了实验结果。第二届会议开始于 2000 年 6 月份，会议论坛在 2001 年 5 月举办，有来自 8 个国家的 46 个工作组注册，36 个组参与并提交了至少一个比赛项目的实验结果。第三届开始于 2001 年 10 月，会议论坛在 2002 年 10 月举行，来自 9 个国家的 65 个工作组提交了结果。前三届会议的评测任务如表 10-5 所示。

---

① NTCIR 主页，网址为 http://research.nii.ac.jp/ntcir/index-en.html。

表 10-5 NTCIR 前三届会议的评测任务

会议	评测任务
第一届	ad hoc 检索；跨语言检索；术语识别
第二届	中文文本检索；日语和英语检索；自动摘要
第三届	跨语言检索；专利检索；自动问答；自动摘要；Web 检索

截至 2022 年，NTCIR 已举办了 16 届评测会议。作为亚洲地区最重要的信息检索评测机制，NTCIR 提供各种单语、双语、多语及跨语言信息检索评测任务，其影响逐年扩大，参与的国家地区及研究团队的数量也在逐年增长，评测任务也更加多元，如第 16 届评测会议的任务包括数据检索、对话评价、生命记录（lifelogging）的访问与检索、医学自然语言处理等。

10.3.4 CLEF 评测

CLEF 由 IST Programme of the European Union（欧盟 IST 工程）资助，是主要针对欧洲语言进行的信息检索开放评测平台，第一届会议于 2000 年开始筹办，此后每年举办一届。CLEF 的目标是开发和维护一个基础设施，用于测试和评估在单语言与跨语言环境下使用欧洲语言的信息检索系统，并创建可重用数据的测试套件，供系统开发人员用于基准测试。

CLEF 主要关注各种媒体类型测试集上的跨语言检索问题，如 CLEF2005 提供的评测任务包括跨语言文本检索、跨语言专业数据检索、交互式跨语言检索、多语言问答、跨语言图像检索、跨语言语音检索等。CLEF 提供的评测任务逐年增加，参加其评测的机构数量也在逐年增长，这一测评会议在跨语言信息检索方向的影响也在逐年增强。

10.3.5 863 信息检索评测

在 TREC 和 NTCIR 两个测评会议中都有涉及中文信息检索评测的任务，但是推出的中文数据集一般都规模较小。缺乏大规模的中文信息检索测试集在很大程度上制约了中文信息检索技术的发展。这种情况得到了国内研究机构和科研部门的重视，国内相继召开了多个面向中文信息处理技术的评测会议，863 评测是其中代表性评测之一。

国家高技术研究发展计划（863 计划）是国内扶持科技发展的重要措施之一，对国内研究有着重要影响。2003 年，国家 863 计划软硬件主题设立了"中文信息处理和智能人机接口技术评测"专项课题，选择了一批中文信息处理与智能人机接口领域的核心技术进行评测，包括机器翻译、语音识别、信息检索等。该课题由中国科学院计算技术研究所承办，从 2003 年到 2005 年连续举办了三届。

863 计划信息检索评测是 863 计划中文信息处理和智能人机接口技术评测系列中的一部分，目的是要了解国内在中文信息检索技术领域的研究现状，验证互联网环境下大规模数据的中文信息检索技术的系统有效性，为大规模评测信息检索技术提供必要的基础支持。863 计划信息检索评测针对信息检索面临的难点以及中文信息检索面临的独特问题设计了评测实验，希望能够通过大规模数据评测来评价现有检索技术。

以 2005 年的 863 信息检索评测为例介绍这一测评的有关情况。此次评测拟订了 50 个中文查询条件。查询条件（topic）模拟用户需求，由若干字段组成，采用规范格式描述用户希望检索的信息。每个查询条件统一由以下四个字段组成：编号（num）、标题（title）、描述（desc）和叙述（narr）。以下为查询条件示例（张俊林等，2006）。

<top>
<num>编号：020
<title>奥兰多·布鲁姆
<desc>描述：奥兰多·布鲁姆参与演出的影片的相关介绍
<narr>叙述：自从出演了《魔戒》中的"精灵王子"以后，奥兰多·布鲁姆受到了越来越多观众的喜爱。查询奥兰多·布鲁姆参与演出的影片的名字、剧情等相关报道，奥兰多·布鲁姆的个人生活不在检索范围之内。
</top>

本届信息检索评测采用的评测集合是由北京大学计算机网络与分布式系统实验室提供的以中文为主的 Web 测试集 CWT100g（Chinese Web Test Collection with 100GB Webpages，中文 Web 测试集 100GB），CWT100g 是根据天网搜索引擎截至 2004 年 2 月 1 日发现的中国范围内提供 Web 服务的 1 000 614 个主机，从中采样 17 683 个站点，在 2004 年 6 月搜集获得 5 712 710 个网页，包括网页内容和 Web 服务器返回的信息，容量为 90GB。

在确定了评测语料以及查询条件，在各队提交了检索结果后，结合各队的结果利用 Pooling 方法形成初步标准答案集合，因为参赛队伍比较少（5 个），为了增加标准答案的有效性，通过人工草拟查询条件利用搜索引擎来查找相关答案对初步答案进行补充，最后合并形成最终的标准答案。

评测采用二元评判，即一个网页或者与主题相关，或者不相关。一个网页与主题相关，必须同时满足以下两个条件：网页的内容切合主题；网页的内容符合主题的 desc 域（描述）和 narr 域（叙述）提出的约束条件。选取的评价指标包括 MAP、R-precision 和 P@10。

10.4　本章实验

实验名称：信息检索系统评价的实施。

实验目的：通过开展一项信息检索系统评价活动，进一步熟悉掌握信息检索评价的方法、步骤和指标体系。

实验内容：

选取某一个具体的信息检索系统（如搜索引擎、商业性数据库或其他类型的信息检索系统），基于本章已经学习的内容，选取适用的指标构建指标体系，对所选取的信息检索系统实施评价。注意指标的合理性与可操作性。

实验步骤：

（1）选取信息检索系统。

（2）利用网络数据库搜集该类信息检索系统评价的文献资料。

（3）结合课内所学以及文献资料，选取适当的评价指标。

（4）说明指标计算所需数据以及获取方法。

（5）对所选取的系统实施评价。

（6）形成评价报告。

第 11 章　信息检索的发展

11.1　信息检索的发展概述

信息检索的发展历史悠久，从整体看，大致经历了四个阶段：手工信息检索、机械信息检索、计算机信息检索再到网络信息检索（马费成等，2018）。

11.1.1　手工信息检索

信息检索直接发源于文摘索引工作和参考咨询工作。文摘索引工作由来已久，公元前2000年美索不达米亚人用楔形文字写成文献的陶制封套，公元前26年，由我国西汉刘向、刘歆父子编纂的《别录》是世界上第一部书本式的文献检索工具，此后1000多年的时间里，我国古人先后编制了《七志》《七录》《中经新簿》《四库全书总目》等书目检索工具。19世纪末20世纪初，我国开始编印一些反映近代科学技术的译著目录，如梁启超的《西学书目表》、沈兆祎等的《新学书目提要》。这一段时期，信息检索作为一种行为已经出现，只具有分散性和非专业性，未能形成专业化的体系。

专业化的信息检索产生于参考咨询工作。1876年，美国图书馆协会（American Library Association，ALA）第一届大会召开，马萨诸塞州伍斯特（Worcester）公共图书馆馆员塞缪尔·格林（Samuel S. Green）在会议上首次提出了开展参考咨询服务的建议。1883年，波士顿公共图书馆首次设置了专职参考馆员和参考阅览室。20世纪初，多数图书馆成立了参考咨询部门，主要利用图书馆的书目工具帮助读者查找图书、期刊或现成答案。随着文献的激增和读者需求的增长，信息检索逐渐发展到从多种文献资源中查找、分析、评价和重新组织信息，"索引"突破了以前的狭隘范畴，成为独立的检索工具。到了20世纪40年代又进一步包括回答事实性咨询、编制书目、文摘，进行专题文献检索，提供文献代译等。信息检索从此成为一项独立的用户服务工作，并逐渐从单纯的经验工作向专业化方向发展。

在手工信息检索阶段，研究取得了丰硕的成果。第一，大量的检索工具书层出不穷，如国内的《中文科技资料目录》《国外科技资料目录》，国外的EI、SA、CA、《生物学文摘》、SCI等。第二，检索语言的创建和试验活动也十分活跃，分类语言方面出现了如《杜威十进分类法》《美国国会图书馆分类法》《国际十进分类法》等分类法，主题语言方面出现了先组式标题语言、后组式单元词语言、叙词语言、引文语言等检索语言。这些成果的出现为下一时期的计算机化信息检索发展奠定了坚定的基础。

11.1.2 机械信息检索

机械信息检索系统是 20 世纪四五十年代开始使用各种机械装置进行信息检索的机械系统，这个阶段的生命周期很短暂，是手工检索向计算机信息检索的过渡阶段。机械信息检索主要包括两种基本类型。

第一种是机电信息检索系统，使用如打孔机、验孔机、分类机等机电设备记录二次文献，用电刷作为检索元件的信息检索系统。

第二种是光电信息检索系统，使用缩微照相记录二次文献，以胶卷或胶片边缘部分若干黑白小方块的不同组合做检索标志，利用光电检索元件查找文献的检索系统。

机械信息检索系统利用当时先进的机械装置更改了信息的存储和检索方式，通过控制机械动作，借助机械信息处理机的数据识别功能替代部分人脑的工作，促进了信息检索的自动化。但它并没有发展成为信息检索语言，只是采用单一的方法对固定的存储形式进行检索的工具，而且过分依赖于设备，检索复杂，成本较高，检索效率和质量都不理想，机械信息检索系统很快就被迅速发展的计算机信息检索系统所取代。

11.1.3 计算机信息检索

1946 年第一台计算机诞生，1954 年，美国海军兵器中心图书馆利用 IBM-701 型计算机开发计算机信息检索系统，开创了计算机信息检索新纪元。计算机信息检索系统的发展过程经历了早期的脱机检索、联机检索和光盘检索。

（1）脱机检索。其也叫离线（线下）检索。20 世纪五六十年代是脱机检索的试验和实用化阶段，著名的脱机检索系统有美国国家医学图书馆的 MEDLARS、美国化学文摘社发行的《化学题录》机读磁带版等。脱机检索的存储介质主要是磁带，检索采用顺序检索技术，基本特征是"脱机批处理"，不对一个检索提问立即做出回答，而是集中大批量提问后进行处理，用户不直接使用计算机，所有的检索作业由专职的检索人员完成。这种批处理的方式比手工检索便利了许多，但用户还是不能与系统进行实时对话，也不能对检索策略进行及时调整，因此现在已经很少使用了。

（2）联机检索。其也叫在线（线上）检索。20 世纪 60～80 年代是联机检索试验和实用化阶段。著名的联机检索系统有 DIALOG、STN①、OCLC、BRS②、ORBIT③、ESA-IRS④等。联机检索的存储介质变为磁盘，存储数据增多，信息检索也开始进入了人机对话式的联机实时检索时期。信息检索中心的主机借助电话线与远距离检索终端相连，形成联机实时检索系统，用户利用联机检索终端与检索系统进行对话，按照联机提供商所制定的各项检索规则进行检索并即时获得结果。联机检索系统的功能较强，数据库的质量较好，所以

---

① STN 表示 The Scientific and Technical Information Network International，是国际联机检索系统之一。
② BRS 表示 Bibliographic Retrieval Services，书目检索服务系统。
③ ORBIT 表示 Online Retrieval of Bibliographic Information Timeshared，书目情报分时联机检索系统。
④ ESA-IRS 表示 Europe Space Agency Information Retrieval System，欧洲最大的联机情报检索系统。

联机检索的费用较高。

（3）光盘检索。20 世纪 80 年代中期到 90 年代初是光盘检索试验和实用化阶段。BIBLIOFILE（美国国会图书馆机读目录）是著名的光盘检索系统。光盘检索是以光盘为存储介质，利用光盘驱动器和计算机实现对光盘数据库的读取和检索的系统。早期的光盘检索是单机系统和单机用户，后来出现了光盘联机检索系统，将多个光盘驱动器连接在一台微机上，再与网络相连，在局域网内提供给多个用户使用。光盘一次购买，可以重复使用，检索费用低，但数据更新慢。

11.1.4　网络信息检索

国际互联网的兴起使得计算机信息检索走向了网络信息检索。早期的网络检索工具包括 Archie（检索 FTP 资源）、Veronica（检索 Gopher 资源）和 WAIS[①]（检索网络文本资源）。后来互联网发展突飞猛进，信息资源激增，信息需求复杂，使得信息检索的主流平台迅速转移到以 Web 为核心的网络应用环境中。当今网络检索工具的主流是 Web 搜索引擎，不仅能提供文本检索，还可以提供图形、图像、音频、视频、动画等多媒体检索。目前，网络信息检索已经成为信息检索的常用途径。

随着信息技术的不断发展以及网络应用的日益深入，信息检索领域不断出现各种新的技术，本章主要介绍分布式信息检索（distributed information retrieval，DIR）、信息过滤、跨语言信息检索和问答系统（question answering system，QA）。

11.2　分布式信息检索

分布式信息检索，又名联邦检索，是一种可从多种资源库同时检索信息的技术，它可以整合多种资源，提高信息获取的广度和深度。传统的搜索引擎采取集中式的检索系统和检索方法，这种集中的索引和存储文档已经无法适应网络时代的发展。例如，网络信息量的激增，传统的搜索引擎检索系统和检索方式只能为用户提供本数据集范围内的搜索，无法覆盖整个网络上的信息，或者各个检索系统在检索过程中存在大量的重复工作和严重的宽带浪费，甚至造成网络堵塞。在这样的情况下，分布式检索应运而生，它很好地解决了网络信息资源分布式存储而产生的问题。

分布式系统是由地域上分散、相对独立但相互联系和制约的各部分（子系统），通过网络互联构成的、完成特定功能的整体。分布式系统可以看成松耦合系统在分布环境下的一种形式，子系统的自治性较强，相互之间耦合较为松散，可以对自己的功能和信息加以控制，制定自己的策略和方法。分布式系统中的每个处理节点都可以是一台并行计算机，各节点依对应的子系统，或处于同等地位，或有主从之分，即可以是异构的。利用分布式计算进行信息检索称为分布式检索。

---

① WAIS 为 wide area information service，广域信息服务。

11.2.1　分布式检索原理

分布式信息检索系统由用户接口、检索代理（broker）、资源库几部分组成。分布式信息检索系统需要解决三个关键问题，如下。

（1）资源描述，如何对每个资源库建立描述信息，以更好地表达资源库的特征。

（2）资源选择，给定一个检索需求和若干资源库的描述信息，如何选出与需求最为相关的资源库。

（3）结果融合，如何将每个资源库的检索结果融合成为一份有序的结果列表。

这三个关键问题的解决方式决定了最终检索结果的好坏。在分布式信息检索系统中，检索代理为核心部分，主要负责完成上述三个步骤的内容，包括资源库描述信息的收集、查询分发到相关的资源库及最后的检索结果融合的功能。

分布式检索系统通常使用由多个代理处理器组成的多级代理分布式结构。在一个分布式的检索系统中有一个总代理系统和多个子代理系统，每个子代理系统还可以有它的子代理，最底层的代理系统有一个或多个搜索引擎来对最底层的数据库进行检索。整个分布式系统呈现树状结构，如图 11-1 所示。

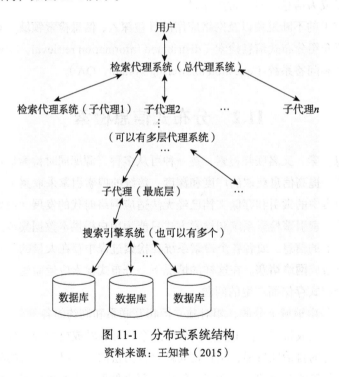

图 11-1　分布式系统结构

资料来源：王知津（2015）

分布式检索系统工作流程大致如下。

（1）检索代理对各个资源库建立描述信息。

（2）针对给定的查询，检索代理根据已建立的资源库描述信息，使用资源库选择算法选择与查询相关的部分资源库。

（3）检索代理将查询分发到相关的资源库。

（4）各个资源库向检索代理返回相关的检索结果，检索代理使用结果融合算法，对多个结果列表中结果进行融合，最终得到一份单一的排序结果。

11.2.2　分布式检索的关键问题

1. 资源描述

资源描述是对资源库进行特征提取和特征描述的过程，资源描述的结果将为资源选择提供依据。资源描述的好坏，将决定资源选择时能否将与检索需求具有强相关的资源库与其他资源库相区分。资源描述方法可按照应用环境分为协同环境和非协同环境。协同环境下，检索引擎可以获得资源库的一些统计信息，如停用词列表、高频词列表、逆文档频率等。在非协同环境下，以上信息通常较难获得，需要通过一定的抽样方法，从资源库中抽取出部分文档，再以某种方式对这些文档进行处理，以获得对资源库的描述信息。

查询抽样方法，可用于在非协同环境下对资源库进行抽样。查询抽样的流程如下。

（1）使用一个初始的查询词，对资源库进行查询，得到结果列表。

（2）从结果列表中选择前 N 项，获取其原始文档，对文档进行处理后，加入抽样文档集中。

（3）根据已有的抽样文档集，选择一个新的查询，重复执行（1）和（2）。

（4）当抽样得到的文档数或文档中包含的词数达到要求时，停止抽样过程。此方法实际上是通过对资源库进行少量查询，获取资源库中实际索引的部分文档，并以此来建立对资源库的描述。

2. 资源选择

由于信息资源的海量性，对于一个信息需求，在制定检索策略时，不可能在每一个信息资源中进行检索，但又必须保证所选择的信息资源能够搜索到适合的信息，因此，资源选择方法应在保证选择的资源库满足检索需求的同时，尽量减少需要访问的资源库数量，进而减少网络传输和数据处理的开销。资源选择往往需要先对资源库进行评分，再根据评分选定合适的资源库。

资源库选择通常将资源库与查询的相关性作为选择依据，而查询与资源库的相关性则根据资源库中的文档集与查询的相关性情况得到。在资源库选择的相关研究中主要有三大类方法，分别为基于查询–资源库相似性的方法、基于中央采样索引库（centralized sample index，CSI）的方法、基于有监督学习的方法。

基于查询–资源库相似性的方法也可以称为"大文档方法"，主要是将资源库整体当作一个文档，计算查询与资源库的相似性作为资源库的相关性度量。相似性的计算则是与传统的信息检索中文档与查询的相似性的衡量方法相似，如通过词频的匹配方法，或者通过语言模型中查询似然概率的方法。

基于中央采样索引库的方法，主要是根据资源库在中央采样索引库中相关文档的分布情况，来计算资源库的相关度得分，也被称作"小文档方法"。在"小文档方法"中用资源库中相关文档的数目或者得分来计算得到资源库的得分，其流程通常为：首先使用特定的采样方式，在各个资源库中采样部分文档作为资源库的采样文档，所有的资源库的采样文档作为分布式信息检索的采样文档集，利用采样文档集来建立中央采样索引库。进行资源库选择的时候，针对给定的查询，根据资源库中的文档在中央采样索引库中的排序情况，来计算资源库中的得分。

基于有监督学习的方法则是利用训练数据来训练模型学习资源库的相关性。资源库选择的有监督的学习方法中，将机器学习的方法应用到资源库的排序中，主要有对查询进行分类、对资源库进行分类、对资源库进行得分学习三种。对查询进行分类则是将查询划分为某个类别，分类的结果则对应于不同类别内容的资源库。

3. 结果融合

分布式信息检索的最终目的是进行检索结果融合。根据给定的查询，通过资源选择方法选定资源库后，检索系统会将查询条件分发给每个资源库，资源库会得到相应的结果返回，结果融合任务就是要在这些返回的结果中，重新整合得到最终的一个结果排序列表。在非协作式的环境中，各个资源库可能使用了不同的检索算法，如实际使用的搜索引擎中，都使用了各自的检索算法，因此返回的不同结果列表之间不能直接比较得分。因此，在结果融合阶段还需要利用到一些算法进行转换，经典的算法包括 CORI（collection retrieval inference network，信息集检索推理网络）结果融合算法和 Lambda Merge 融合算法。

11.3 信 息 过 滤

信息检索和信息过滤是十分相关的概念，它们都是帮助用户寻找自己感兴趣的信息，是信息查询的两个视角。大数据时代，信息过载的问题日趋严重，如何从泛滥、浩瀚的信息中准确、方便、迅速找到并获得自己所需的信息或者屏蔽无关信息和不良信息，是当前信息检索研究需要解决的关键问题之一。

11.3.1 信息过滤概述

20世纪80年代初，彼得·丹宁（Peter J. Denning）最早关注信息过滤问题。他指出："由于有了个人计算机、个性化工作站和局域网人们的主要注意力集中在生产信息并发布文献方面。现在已经到了把更多的注意力集中到接收、控制、过滤和使用信息的时候了。"

信息过滤是指根据用户的信息需求，从动态的信息流中搜索出用户感兴趣的信息，去掉其他无用和不良信息的个性化检索方式。信息过滤并不是从信息集合中直接挑选出用户需要的信息，而是经过一系列的过滤技术，对用户需求和动态信息流进行匹配计算，从而抽取出符合用户需求的信息，并将其传送给用户，在这个过程中，减少了用户甄别相关信息的负担。信息过滤与信息检索既有联系，又有区别，二者对比如表 11-1 所示。

表 11-1　信息过滤和信息检索的对比

项目	信息过滤	信息检索
目标	过滤掉不需要的信息	检索出需求的信息
处理对象	动态的无（半）结构化数据	相对静态的结构化数据
用户特点	长期用户/重复	短期用户/一次性
需求表达	用户兴趣模型	检索项目及组合
环境	隐私性	公开性

从上面的简单比较可以看出信息过滤的一些基本特征。

信息过滤处理的对象主要是动态的无（半）结构化数据，信息检索处理的是相对静态的结构化数据。以电子邮件系统为例，它可以过滤掉用户一些不需要的垃圾广告邮件。电子邮件系统就是一个半结构化数据，其邮件头是结构化的，而邮件正文是无结构化的。

信息过滤是为长期用户设计的，并且可以重复使用，信息检索则是为短期用户的需求设计，目的是满足一次性的信息需求。例如，网络安全过滤系统可以对一些不良文本、网址、IP 进行过滤，并且是长期有效的。

在用户需要描述方面，信息过滤系统需要了解用户，包括用户的兴趣爱好、社会背景、个人偏好等属性特征，形成该用户的兴趣模型，系统在运行过程中还会根据用户的行为修改完善用户的兴趣模型。信息检索则是从数据库中选择匹配于某个查询的信息项，无须了解用户的其他状态信息。

在应用环境方面，信息过滤系统还要涉及用户的隐私问题，而信息检索则不涉及这方面的问题。

11.3.2　信息过滤系统的类型

由于操作方法、操作位置、过滤基本原理和获取用户知识四个方面的不同，信息过滤可以使用以下分类体系来进行表示，如图 11-2 所示。

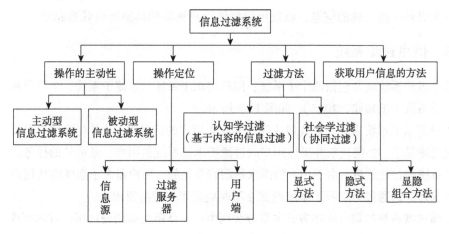

图 11-2　信息过滤系统的类型

从操作的主动性视角出发，信息过滤系统可以分为主动型信息过滤系统和被动型信息过滤系统。主动型信息过滤系统主动为用户实时动态搜寻相关信息。这种搜索可以在较小范围进行，如某邮件账户，也可以是较大的范围，如互联网。这种过滤还涉及推送技术，将相关信息"推"给用户。被动型信息过滤系统不需要为用户收集信息，主要工作是在输入信息流和数据中删除或屏蔽不相关的信息，还有一些系统会提供用户所有信息，但会采用相关性排序的过滤方法。

从操作定位视角来看，可以分为三个类型：信息源、过滤服务器、用户端。信息源过滤需要用户将自己的过滤模型主动提交信息提供者，信息提供者根据过滤模型匹配相关的信息，这一类的过滤又被称为"剪辑服务"。过滤服务器过滤是指用户将自己的过滤模型主动提交给服务器，同时，信息提供者将信息数据发送到服务器，服务器得到双方的消息后，由服务器选定相关的信息并分发给各个用户。用户端过滤是由本地的过滤系统进行评估，然后将不相关的删除或屏蔽，或者按照相关性进行排序。

从过滤方法视角可以划分为认知学过滤（基于内容的信息过滤）和社会学过滤（协同过滤）。基于内容的信息过滤是指首先对一则信息的内容和潜在信息接受者的信息需求进行表征，然后利用这些表征智能地把相匹配的信息传送给信息接受者，目前使用最多的是分配列表和关键字匹配。协同过滤核心思想是相似的用户具有相同的兴趣爱好，间接获取用户特定需求后进行信息过滤并为用户推荐相关信息。

按照获取用户信息的方法可以分为基于用户询问的显式方法、通过记录用户行为的自动推测用户模式的隐式方法和显隐组合方法。最常见的显式方法是用户询问，该方式通常要求用户填表以描述其感兴趣领域或其他相关参数，第一个实现这种技术的系统是 Lens，它为用户群体提供电子邮件信息过滤。隐式方法通过记录用户对每条信息的反应得到用户需求的实际相关度，如页面浏览时间、点击次数、页面上下文、用户的操作行为（浏览、转发、收藏、点赞）等，是一种更容易接受的方式。显隐组合的例子有文档空间和典型推导，文档空间是为那些用户以前判断为相关的文档创建一个文档向量空间，新文档则需要与已有文档进行相似性判断；典型推导结合了显式和隐式两种方式的优点，系统要求用户首先提供一些明确的信息，以便可以把该用户和某种典型用户联系起来。

11.3.3　信息过滤系统

信息过滤系统通常包括四个子系统：用户需求子系统、过滤子系统、学习子系统和信息提供子系统（王知津，2015），如图 11-3 所示。

用户需求子系统主要是显式地或隐式地收集用户的信息需求，并构建用户模型和描述用户的过滤需求。如何获取并描述用户的过滤需求是系统最困难、最迫切的任务，它直接决定了系统的过滤效果。由于用户的需求是动态变化的，用户需求子系统除从用户获取其过滤要求外，还通过与学习子系统的交互不断更新用户过滤要求。

目前过滤系统的需求描述方式主要分为两类，一是用关键词表达用户过滤要求，即用户向系统提供一个关键词集来表达其过滤要求，应用实践中，有的系统利用关键词的布尔

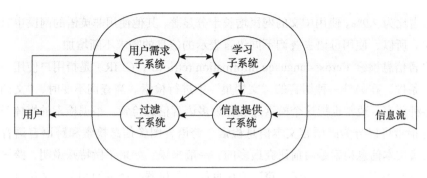

图 11-3 信息过滤系统结构

资料来源：王知津（2015）

式、赋予关键词不同权重或者应用短语或综合利用这些方法来解决问题。二是用文档集来表达用户过滤要求，从用户的文档集中选择最能代表其过滤要求的文档子集，来消除关键词选择的困难。

过滤子系统是信息过滤系统的核心，将用户模型和信息进行匹配，从而决定一条信息是否与用户需求相关。系统判断的信息相关并不表示用户判断的相关，获得过滤结果的用户是信息相关性的最终决定者。用户的评估可以进一步反馈给学习子系统。

过滤系统必须包括一个学习子系统，它决定着是否能够提供用户最需要的信息。学习子系统主要有两个作用：审视用户兴趣是否发生变化，修改完善用户模型。用户的需求是动态实时变化的，当过滤子系统将输出结果呈现给用户时，用户会对其相关性做出判断，判断结果会作为学习子系统输入，学习子系统依据这些输入判断用户是否发生变化，当用户兴趣改变后，学习子系统会从相关集合中提取出描述用户新需求变化或从不相关集合中提取过滤条件来更新用户模型。

信息提供子系统处理的信息流有两种形式：一是主动信息流，即系统主动从海量信息中寻找用户最需要和感兴趣的信息，把无关的信息过滤掉，典型的就是各种新闻订制、最新消息订制等；二是被动信息流，即系统被动接受其他系统的传递信息，依据用户模型过滤掉不符合的信息，典型的是邮件接收系统过滤掉广告。对输入信息流描述的方式可以采用向量空间模型或布尔模型。

11.4 跨语言信息检索

搜索信息已经成为人们日常生活的一部分，人们通常搜索母语相关信息。然而，随着互联网的快速发展和全球化进程的加快，互联网所提供的信息资源不再集中于英语等少数几种语言上，人们可以存取各种语言的信息。据 W3Techs 监控数据，截至 2020 年 3 月，访问排名前 1000 万名的网站中，使用英语的比例为 59.3%，使用俄语的比例为 8.4%，使用西班牙语的比例为 4.2%。近年来使用非英文网页的数量正在快速增长。截至 2020 年 3 月，互联网上使用英语的人数占比为 25.9%，使用中文的人数占比为 19.4%，使用西班牙语的人数占比为 7.9%。使用中文的网民增长十分显著，其他使用非英语的网民也有不同程度的增加。所以，使用母语去查询不同语言表示的信息的需求不断增加。

跨语言信息检索（cross-language information retrieval，CLIR）是指用户使用一种语言的"查询条件"在另外一种语言的"文档集"中进行检索。当查询不变时，"文档集"可扩展到多种语言，通常也把这个检索过程称为多语言信息检索。根据检索的媒体类型，跨语言信息检索可以分为跨语言文本信息检索、跨语言图像信息检索和跨语言语音信息检索。跨语言文本信息检索是目前研究最多的，一般来说，如果不做特殊说明，跨语言信息检索就是指跨语言文本信息检索。跨语言信息检索与机器翻译密切相关，是信息检索与机器翻译的交叉领域。

11.4.1 跨语言信息检索的实现模式

从实现语言转化（翻译）的方法来看，跨语言信息检索主要有五种实现方法：同源匹配、查询翻译（query translation）、文献翻译（document translation）、中间语言方法、不翻译（no translation）（靳东旺和李梅英，2013）。

（1）同源匹配。同源匹配是根据两种语言的语词拼写形式或读音相似度来判断其中一种语言语词的意义，不进行任何翻译。例如，康奈尔大学巴克利（Buckley）等开发的程序，它将英语单词视为可能拼错的法语单词，以此来实现英语提问式与法语文献的匹配，这种方法虽简单，却只适用于具有相同词源的语言，如英语和法语，对于中英文来说则不适用。

（2）查询翻译。查询翻译将用户输入的提问式（源语言）翻译为系统支持的语言（目标语言），然后再将目标语言的提问式提交给匹配模块，进行单语言信息检索。它是目前最为常用的策略，是一种只翻译短语的方法。短语识别策略能够大幅度提高检索效率。另一种办法是通过用户的介入（利用交互式用户界面）来控制翻译的模糊性。戴维斯（Davis）和奥格登（Ogden）开发的 QUILT 系统能够将英语提问词的西班牙语翻译显示给用户，具有西班牙语知识的用户可以对翻译进行识别和判断。马克·戴维斯（Mark Davis）开发了一个交互式搜索引擎 ARCTOS，通过选择性用户界面，将用户多语种提问词翻译为系统支持的其他语言，然后对候选翻译进行选择，修改提问式并发送给某个特定语言的检索模块。

（3）文献翻译。文献翻译与查询翻译正好相反，是指先将多语言的文献信息集转换成与查询相同的语言，再进行单语言信息检索。其主要优点是：①由于具有完整的文献语境，可以提高翻译质量；②可以离线执行。缺点是速度很慢，且需要将文献库中的文献翻译为系统支持的每一种语言而增加了文献库的规模。

（4）中间语言方法。在跨语言信息检索中可能会碰到这样的情形：两种语言直接翻译的语言资源不存在。例如，在 TREC 中很难找到德语和意大利语之间直接对等的语言资源。为此研究人员提出了一种利用中间语言或中枢语言进行翻译的方法，即将源语言翻译成中间语言（可以是一种或多种），然后再将中间语言翻译成目标语言（利用多种中间语言时需要合并）。

中间语言是自然语言，其典型代表是基于多语种词表的 CLIR 技术。它将文献和提问式都翻译为受控词表中的语词。"概念中间语言文献检索"项目小组开发的 CINDOR 系统以 WordNet 的同义词群 "synsets" 为基础，通过将几种语言的同义词都链接到表示对应概念的 "synset 号" 上，建立了一个名为 "概念中间语言" 的概念表示知识库，实现 CLIR。

（5）不翻译。目前不通过翻译进行跨语言信息检索的技术有潜在语义标引和广义向量空间模型（generalized vector space model，GVSM）等方法。

1990 年兰道尔（Landauer）和利特曼（Littman）提出了跨语言潜在语义索引（cross-language latent semantic indexing，CLLSI）的检索技术。它的基本思想是：通过有代表性的文档与其对应的翻译文档联系起来形成训练文档集，然后利用 SVD 对双语检索词–文档关联矩阵进行处理，获得双语文档集的特征信息以及检索词用法上的映射关系，构造出不同语种的潜在语义空间，最后根据平行文档中语词的用法特征可检索出另一种语种的相关信息。

广义向量空间模型的基本思想是：根据双语训练文档集分别建立源语与目标语的检索词–文档关联矩阵，在计算查询条件和文档的相似度时，考虑将经典的向量空间模型与两个关联矩阵相结合，在源语言与目标语言之间实现映射关系。

11.4.2　跨语言信息检索的框架

图 11-4 是信息检索的一般模型。该图揭示了信息检索的基本流程：首先，用户提出检索需求，系统为用户的需求生成查询表达式；其次，对查询表达式进行分析处理，产生检索系统的查询语言。在后台，通过索引器对文档集建立索引，并生成文档表示。这样，查询语言和文档表示就是一个匹配的过程，产生检索结果。通过相关反馈机制，调整查询表达式，从而使检索结果更加符合用户的需求。

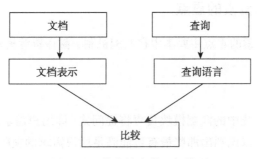

图 11-4　信息检索的一般模型

传统的信息检索系统主要是针对单一语种的文档集实现。跨语言信息检索是以单一语言描述的用户查询来检索多语种的信息资源，实质就是单语言的用户查询与多语言的信息（文档）表示之间的匹配。目前主要的解决方法就是在单语言信息检索系统的基础上增加一个语言转换机制（查询翻译、文献翻译或不翻译），作为传统信息检索的一种扩展，跨语言网络信息检索综合了多种信息处理成果，基本框架如图 11-5 所示，包括语言识别（language identification）、文本处理（text processing）、语言翻译（languages translation）、用户界面（user interface）等多个层次。用户可以母语（native languages）提出检索请求，查询多语言（multiple languages）的信息。文本处理，主要包括信息抽取（information extraction）、信息过滤（information filtering）、信息标引（information indexing）、文本分类（text classification）、分词（word segmentation）等。

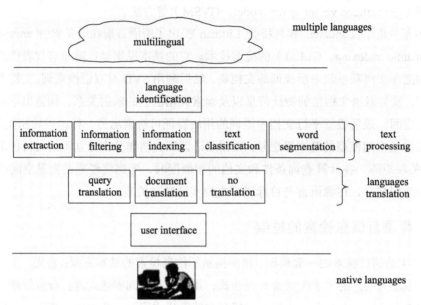

图 11-5　跨语言信息检索的一般框架

资料来源：焦玉英等（2008）

11.4.3　跨语言信息检索的重点

当前跨语言信息检索的重点主要集中在匹配机制、翻译资源构建、翻译消歧、系统评价等几个方面。

1. 匹配机制

跨语言信息检索系统中的匹配模块负责将提问式（即用户需求表示）与标引信息（即文献表示）进行匹配，以识别出那些最有可能满足用户需求的文献，它是 CLIR 的核心部分。

2. 翻译资源构建

翻译资源的优劣对于跨语言信息检索的性能有着重要的影响，在 CLIR 中，常用的翻译资源有手工词典、机器翻译（machine translation，MT）系统、双语词典（bi-lingual term lists）、本体（ontology）和语料库（corpora）等。

手工词典是翻译人员进行翻译必备的工具，具有准确、全面的优点，但在跨语言检索中难以实现计算机的自动识别处理。双语词典是把手工词典以机器可读的编码形式进行组织，便于实现两种语言在词汇层次上的对译，但没有人工参与的双语词典对翻译的歧义性还远未到达实用的程度。WordNet 已成为事实上的语义词典国际标准，为了开发跨语言应用，各国竞相在 WordNet 的基础上开发跨语言本体，其中最著名的就是欧盟资助的 EuroWordNet。机器翻译能够在语句层次实现两种语言的翻译。语料库，尤其是平行语料库的应用，不仅改善了词翻译的不确定性，而且对于专有名词的翻译有着重要的意义，因为在平行语料库中，词与词（包括词与短语和短语与词）之间的对应是唯一的，很多在手工词典和机读词典中不能获取的词都可以在平行语料库中得到。

3. 翻译消歧

消歧是跨语言信息检索研究中的关键问题，通常是利用翻译资源来确定上下文歧义词的词义。目前最常用的是词典、语料库、泛众协作知识源、本体知识库等（司莉和贾欢，2015）。

基于词典的词义消歧方法有四种。①选择词典中的第一个词义。此做法基于的假设是词典中词的首个定义是最常用的。②选择词典中全部的词义。将所有意义都翻译出来作为检索词。③任选词典中的 N 个意义。采用任选词典中词的 N 个意义的方法，控制查询翻译的任意膨胀。④选择 N 个最贴切意义。利用语料库来计算不同词义出现的频率，选择频率最高的 N 个词义作为检索用词。它还可以解决源语言无法翻译的问题。

基于语料库的消歧方法是在借助语料库过滤查询翻译后产生的非正常翻译结果。当用户在查询中使用的单词或者词组在检索时出现多种翻译结果时，需要选出一个相对标准的翻译。在对应语料库中，通常情况下认为目标语种语料库中出现的单词或词组的概率和查询语种语料库中出现的单词和词组相同时，它们在两种语言中表达的意义相同。可以用此种方法来协助确定查询式的翻译项。

泛众协作知识源指用户在线协同合作创建的知识源，这类知识源的特点是规模大、成本低、更新快。例如，维基百科（Wikipedia）。Wikipedia 中的文章标题以短语为主，文章中的超链接语义关系极其丰富，有上位词、同义词、多义词、相关词等。通过词组识别与调整过滤的预处理阶段来发现歧义词，有机结合背景知识、上下文语境和语义信息三大特征对歧义词进行消歧，并根据逻辑回归算法学习各特征的权重，在歧义词中找到最佳的选择词。

本体可以表示概念及概念与概念之间的关系，构建本体能实现概念之间的语义关联及检索。其中，最常用的本体知识库是 WordNet、HowNet 等。本体具有语义推理功能，可以解决从查询语言到检索语言的转换过程中所出现的语义损失和曲解等问题，从而更好地遵循用户在检索过程中的查询意图，使其获得预期的检索信息。

4. 系统评价

除了理论和技术外，评估也是跨语言信息检索系统发展过程中的重要一环。跨语言信息检索主要有三个测试平台：TREC、NTCIR、CLEF。TREC 于 1997 年首次设立跨语言信息检索项目，NTCIR 主要致力于亚洲语言的跨语言检索评价，CLEF 则主要进行欧洲语言的跨语言检索评价。跨语言信息检索评比语料包括测试文档集合（测试数据库）、检索问题集合和参考答案三部分。

11.5 问 答 系 统

问答系统是信息检索系统的一种高级形式，它能用准确、简洁的自然语言回答用户用自然语言提出的问题。例如，中国的中秋节是哪一天？系统则直接提供用户准确、简洁的回答，如农历八月十五。与传统检索系统相比，问答系统是集知识表示、信息检索、自然语言处理与智能推理等技术于一身的新一代搜索引擎（NTP+IR[①]）。问答系统的相关研究已经进行多年，图灵测试可能是对问答系统最早的构想，后来相继出现了一批问答系统，如在美国电视竞答节目 Jeopardy 中打败人类冠军的 Watson，苹果手机中的 Siri，国内的如微软小冰、小度机器人等。

11.5.1 问答系统的分类

对应问答系统的处理流程，问答系统一般包括三个主要组成部分：问题分析、信息检索和答案生成。这表明问答系统研究包含三个基本问题：如何去分析问题；如何根据问题的分析结果去缩小答案可能存在的范围；如何从可能存在答案的信息块中抽取答案。在问答系统的不同发展阶段，对于这三个基本问题的解决方法随着数据类型的变化在不断变化，从而形成了不同类型的问答系统。

按照用户问题的所属数据域，可以分为面向限定域的问答系统、面向开放域的问答系统、面向 FAQ（frequently asked questions，常见问题集）的问答系统。面向限定域的问答系统是指系统所能处理的问题只限定于某个领域或者某个内容范围，如只限定于医学、化学或者某企业的业务领域等。面向开放域的问答系统不同于限定域问答系统，这类系统可回答的问题可以是任意主题的问题，没有任何限制。FAQ 是基于常见问题集的问答系统。面向 FAQ 的问答系统把用户常问的问题和相关答案保存起来，使得用户使用系统更加便捷。当用户输入问题时，如果在已有的"问题—答案"对集合中能找到与之相匹配的问句，系统就直接把相应的答案输出给用户，而不需要经过问题理解、信息检索、答案抽取等复杂的处理过程。

按照答案的数据来源可以分为基于结构化数据的问答系统、基于自由文本的问答系统、基于半结构化的问答系统、基于问答对的问答系统。基于结构化数据（或半结构化）的问答系统一般局限于特定领域，基于自由文本的问答系统只能回答那些答案存在这个文档集合中的问题，基于问答对的问答系统也分两类：基于常见问题列表的回答和基于社区问答的问答。

---

① NTP 表示 network time protocol，网络时间协议；IR 表示 information retrieval，信息检索。

按照答案的生成反馈机制问答系统可以分为抽取式问答系统和产生式问答系统。抽取是指答案是从数据或者文本中抽取出来的，如文本片段。产生是指答案是通过一定的规则或者内在的编码生成出来的，如对话。

一般地，开放领域的问答系统比限定领域的问答系统复杂，处理无结构数据的问答系统比处理结构数据的问答系统复杂，同时抽取式问答系统比产生式问答系统复杂。

11.5.2　问答系统相关理论技术

不同类型的问答系统在数据处理以及技术实现方面存在着差异，但是主要技术有问题分析、信息检索及答案生成（毛先领和李晓明，2012）。问答系统处理过程如图 11-6 所示。

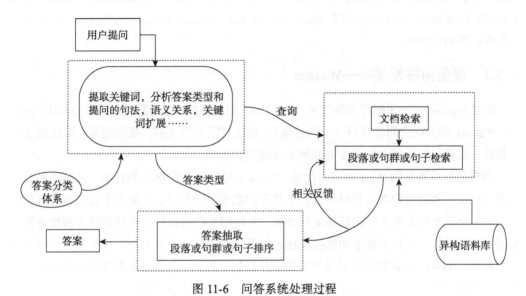

图 11-6　问答系统处理过程

1. 问题分析

在问答系统工作时，进行下一步之前的首要任务就是问题分析。问题分析即通过对问题的语法、语义结构等进行解析，获取该问题的关键词，提取问题的焦点，确定问题类型和答案类型等。问题分析部分主要完成以下几部分工作：确定问题的类型、提取出问题的关键词、依据问题的类型等因素对关键词进行适当的扩展。从自然语言处理的视角来看，还要对问题进行分词以及词性标注等分析过程，有些问答系统还对问题进行句法分析和语义分析。

2. 信息检索

用户在问答系统中通过提问的方式得到最准确的答案，主要是通过信息检索从文档或者知识库中检索出答案，答案可以是文档，也可以是段落，甚至还可以是句子。问答系统中信息检索是必不可少的一步。在这个阶段的工作通常包括检索式的构造、文档检索、段落抽取、段落排序与选择四步处理。在问题分析模块确认好涉及哪些词后进行检索式的构造，然后采用传统的检索方式获取相关文档，从相关文档中抽取可能包含答案内容的段落或者对相关段落进行重组，最后计算段落的权重，并排序，从中选择最相关的段落。该模块主要涉及相关性判定和信息抽取等技术。其中，核心段落与核心句子的判定是一个难点。

3．答案生成

问答系统的最后一个步骤就是答案生成，基于信息检索得到的检索信息，答案生成模块主要实现候选答案的抽取和答案的置信度计算，最终返回简洁性、正确性的答案。按照答案信息粒度，候选答案抽取可以分为段落答案抽取、句子答案抽取、词汇短语答案抽取。段落答案抽取是将一个问题的多个相关答案信息进行汇总、压缩，整理出一个完整简洁的答案。句子答案抽取是将候选答案信息进行提纯，通过匹配计算过滤表面相关、实际语义不匹配的错误答案。词汇短语答案抽取是采用语言的深层结构分析技术从候选答案中准确地提取答案词或短语。

11.5.3 典型问答系统——Watson

IBM Watson 是基于问答系统技术，支持用自然语言来回答问题的人工智能系统。2011年，Watson 参加综艺问答节目《危险边缘》，最终打败人类选手，赢得冠军。它包含了信息分析、自然语言处理和机器学习领域的大量技术创新。

用户用自然语言向 Watson 提出问题，Watson 则能够反馈精确的答案。从解答的过程来看，Watson 通过使用数以百计的算法来搜索问题的备选答案，并对每个答案进行评估打分，同时为每个候选答案收集其他支持材料，并使用复杂的自然语言处理技术深度评估搜集到的相关材料。当越来越多的算法运算的结果聚焦到某一个答案时，这个答案的可信度就会越高。Watson 会衡量每个备选答案的支持证据，来计算各个备选答案的可信度。当这个答案的可信度达到一定的水平时，Watson 就会将它作为最佳答案。

该系统的主要技术特征如下。

（1）较强的并行能力。利用多种诠释和假设挖掘巨大的并行性。

（2）支持多种专业技术。推动一系列松散耦合的概率性问题进行集成、应用和环境评估，以及内容分析。

（3）置信度估计技术。并不是由单独组件来回答问题，而是由所有组件产生的特性和相关置信度，评估不同的问题和内容诠释。基本的置信度处理是学习如何积累和组合这些评估得分。

（4）整合浅层知识和深层知识。平衡使用严格语义学和浅层语义学，充分利用众多松散结构的知识本体。

11.6 本 章 实 验

实验名称："信息检索进展"的查询与了解。

　　实验目的：面向"信息检索进展"这一检索课题，应用已经学习的信息检索方法，阅读所获取的检索结果，了解信息检索的发展动态。

　　实验内容：

　　基于信息检索方法部分的学习，以"信息检索进展"为检索课题，选取适当的信息检索系统，构建检索式实施检索，可以调整检索策略，以获取满意的检索结果。

　　阅读所获取的结果文献，了解信息检索的发展。

　　实验步骤：

　　（1）分析检索课题，确定所需文献类型、检索主题、时间区间等。

　　（2）选择检索系统，既要选择中文检索系统，也要选择英文检索系统。

　　（3）确定检索途径和检索词，实施检索。

　　（4）浏览检索结果，了解信息检索的发展动态。

参 考 文 献

陈明. 2019. 大数据技术概论[M]. 北京: 中国铁道出版社.

董守斌, 袁华. 2010. 网络信息检索[M]. 西安: 西安电子科技大学出版社.

胡志军, 徐勇. 2020. 基于内容的视频检索综述[J]. 计算机科学, 47(1): 117-123.

焦玉英, 温有奎, 陆伟. 2008. 信息检索新论[M]. 武汉: 武汉大学出版社.

靳东旺, 李梅英. 2013. 图书馆信息服务研究[M]. 西安: 西安地图出版社.

赖茂生, 赵丹群, 韩圣龙, 等. 2006. 计算机情报检索[M]. 2 版. 北京: 北京大学出版社.

林勇, 江明华. 2010. 计算机网络基础[M]. 成都: 西南交通大学出版社.

刘挺, 秦兵, 张宇, 等. 2008. 信息检索系统导论[M]. 北京: 机械工业出版社.

刘颖, 范九伦. 2012. 基于内容的图像检索技术综述[J]. 西安邮电学院学报, 17(2): 1-8.

马费成, 宋恩梅, 赵一鸣. 2018. 信息管理学基础[M]. 3 版. 武汉: 武汉大学出版社.

曼宁 C D, 拉哈万 P, 舒策 H, 等. 2010. 信息检索导论[M]. 王斌, 译. 北京: 人民邮电出版社.

毛先领, 李晓明. 2012. 问答系统研究综述[J]. 计算机科学与探索, 6(3): 193-207.

蒲筱哥. 2010. 基于内容的视频检索关键技术研究综述[J]. 情报科学, 28(3): 464-469, 474.

司莉, 贾欢. 2015. 跨语言信息检索查询翻译消歧方法与技术研究[J]. 图书馆学研究, (20): 48-51.

孙君顶, 原芳. 2011. 基于内容的图像检索技术[J]. 计算机系统应用, 20(8): 240-244.

王妍. 2017. 网络信息与检索[M]. 沈阳: 辽宁美术出版社.

王知津. 2009. 信息存储与检索[M]. 北京: 机械工业出版社.

王知津. 2015. 信息检索与处理[M]. 北京: 机械工业出版社.

于莹莹, 陈燕, 张金松. 2016. 相关反馈在信息检索中的研究综述[J]. 情报理论与实践, 39(12): 135-139, 144.

张俊林, 刘洋, 孙乐, 等. 2006. 2005 年度 863 信息检索评测方法研究和实施[J]. 中文信息学报, 20: 19-24.

赵丹群. 2008. 现代信息检索: 原理、技术与方法[M]. 北京: 北京大学出版社.

祝晓斌, 刘亚奇, 蔡强, 等. 2015. 基于内容的图像检索技术研究[J]. 计算机仿真, 32(5): 1-4,85.

Cohen J D. 1995. Highlights: language and domain independent automatic indexing terms for abstracting[J]. Journal of the American Society for Information Science, 46(3): 162-174.

Ponte J M, Croft W B. 1998. A language modeling approach to information retrieval[R]. Proceedings of the 21st annual International ACM SIGIR Conference on Research and Development in Information Retrieval: 275-281.